Rosen

KOSMOS

Gabriele Richter/Thomas Proll

Rosen

KOSMOS

Inhalt

Gestaltung

Die Vielfalt der Rosen

Was fasziniert uns an einer Rose? Ist es die Farbe, die edle Blütenform, der einzigartige Duft? Seit vielen Jahrhunderten begeistern sich Menschen für die „Königin der Blumen". Und auch heute ist die Ausstrahlungskraft dieses schönen und vielfältigen Blütengehölzes ungebrochen.

Die Rose wird seit etwa 150 Jahren intensiv züchterisch bearbeitet und hat eine Fülle attraktiver Sorten hervorgebracht. In den letzten zwei Jahrzehnten liegt der Schwerpunkt verstärkt auf der Selektion von Sorten mit besonders hoher Blattgesundheit. Im hinteren Teil des Buches finden Sie über 140 Porträts der besten Gartenrosen. Wir stellen Ihnen viele Neuzüchtungen aus den letzten Jahren, aber auch einige beliebte und bewährte Klassiker vor.

DIE ROSENKLASSEN

Zur besseren Übersicht der verwirrenden Sortenvielfalt hat sich die Einteilung der Rosen in verschiedene Klassen bewährt.

Beetrosen wachsen kompakt und buschig aufrecht und sind die Klassiker zur Beetbepflanzung. Sie sind in der Regel sehr vital und robust und blühen bis in den Oktober hinein. Pflanzen Sie sie stets in Gruppen, entweder in reinen Rosenbeeten oder gemischt mit Stauden und Gehölzen.

Der Inbegriff einer Rose ist die **Edelrose**. Mit ihren großen, edel geformten Blüten, die meist einzeln an langen Stielen sitzen, eignet sie sich besonders gut zum Vasenschnitt. Allerdings hat die Schönheit auch ihren Preis: Edelrosen sind anspruchsvoll und sollten nur an optimalen Standorten gepflanzt werden.

Robust und unkompliziert sind hingegen öfterblühende **Strauchrosen**. Sie wachsen buschig aufrecht, werden bis zu 2 m hoch und eignen sich hervorragend als Sichtschutz und für blühende Hecken.

Die Gruppe der **Kleinstrauchrosen** ist noch relativ jung. Sie werden häufig auch als Bodendecker- oder Flächenrosen bezeichnet, da sie dicht und breit buschig wachsen. Mit ihrer außerordentlichen Vitalität

Wer träumt nicht von einem solchen Ort zum Entspannen? Strauchrosen und Stauden schirmen die Terrasse blütenreich ab. Auch für Kräuter im Topf, wie Salbei und Rosmarin, ist dieser Sonnenplatz ideal.

Vorhang auf zum Blütenfest: Kletterrosen und Clematis, gelber Frauenmantel und violette Glockenblumen in perfekter farblicher Harmonie.

und Friesenwälle. In gemischten Beeten lässt sich diese Rosenklasse vielseitig mit Stauden, Gräsern und Gehölzen kombinieren.

Kletterrosen erobern die Vertikale und sind als Gestaltungselement vielseitig einsetzbar. Die dicktriebigen, aufrechten Climber sind meist öfterblühend und für Spaliere, Obelisken und Lauben geeignet. Die langtriebigen, meist einmalblühenden Rambler können mit ihren biegsamen Trieben bis zu 10 m hoch klettern. Sie eignen sich besonders zum Beranken alter Bäume.

Bei den **Historischen Rosen** handelt es sich um alte Sorten, die bereits vor 1867 eingeführt wurden. Die Blüten sind oft stark gefüllt und duftend. Diese dicht und strauchartig wachsenden Sorten eignen sich gut für naturnahe Gärten und blühende Hecken.

und ihrer Blütenfülle eigen sie sich für viele Verwendungsbereiche. Sie verwandeln Flächen und Hänge in leuchtende Blütenteppiche und begrünen Mauern

ROSENKLASSEN

Klasse	Wuchshöhe in m	Wuchsform	Blüte	Verwendung	Tipp
Beetrosen	0,5–0,7	buschig aufrecht, kompakt	einfach bis stark gefüllt, in Dolden, öfterblühend	in Gruppen, beetweise, ideal für gemischte Beete	Polyantha- und Floribundarosen werden heute als Beetrosen zusammengefasst
Edelrosen	0,7–1,2	schmal aufrecht, langstielig	edel und stark gefüllt, einzeln oder in Dolden, öfterblühend	in Gruppen, beetweise	nur für optimale Standorte, oft stark duftend, Vasenschnitt
Strauchrosen	1,2–2,0	strauchartig, buschig aufrecht	einfach bis stark gefüllt, in Dolden, meist öfterblühend	einzeln, in Gruppen, Hecken	meist sehr robust, gut mit Gehölzen und Stauden kombinierbar
Kleinstrauchrosen	0,4–0,8	breit buschig, häufig bogig überhängend	einfach bis stark gefüllt, in Dolden, meist öfterblühend	große Flächen, Hangbegrünung, gemischte Beete	meist sehr reich blühend und robust, selten duftend
Kletterrosen Climber	2,0–3,0	starktriebig, aufrecht	einfach bis stark gefüllt, in Dolden, meist öfterblühend	Spaliere, Obeliske, Lauben, Carports	bevorzugen vollsonnige Standorte
Kletterrosen Rambler	3,0–9,0	langtriebig, biegsam	meist kleinblumig und in dichten Büscheln, meist einmalblühend	Bögen, Pergolen, Beranken alter Bäume	meist sehr reich blühend, auch für Halbschatten geeignet
Historische Rosen	1,5–2,5	strauchartig, aufrecht bis überhängend	meist stark gefüllt, einmal- oder öfterblühend	einzeln, in Gruppen, naturnahe Gärten, Hecken, gemischte Beete	häufig starker Duft, wurden vor 1867 eingeführt („Alte Rosen")

So gestalten Sie Ihren Rosengarten

Harmonische Farbkombination in Weiß, Rosa und Rot – Weiß wirkt ausgleichend und vermittelt zwischen anderen Farben. In der abendlichen Dämmerung leuchtet es noch, wenn andere Farben längst verschwunden sind.

Zur Gestaltung harmonischer Gartenbilder sind bei der Pflanzenauswahl vor allem Wuchshöhe und -form sowie Blatt- und Blütenfarbe zu beachten. Seit einigen Jahren geht die Tendenz weg von reinen Rosenbeeten hin zu einer Mischung aus Rosen, Stauden und Gehölzen. Die Verteilung der Gehölze sollte zuerst geplant werden, da sie die ganzjährige Struktur eines Gartens bilden. Immergrüne Hecken gliedern Gartenräume, mehrjährige Pflanzen, wie kleinere Blütengehölze, Rosen und Stauden, folgen dann im nächsten Planungsschritt. Sehr flexibel ist der Einsatz von einjährigen Sommerblumen, die sich leicht aus Samen heranziehen lassen.

FARBWIRKUNGEN

Durch eine bewusste Farbauswahl können Sie die Wirkung Ihres Gartens entscheidend beeinflussen. Alle Farben bestehen aus den drei Grundfarben Gelb, Rot und Blau. Die anderen sind daraus entstandene Mischfarben (Grün aus Gelb und Blau; Orange aus Gelb und Rot; Violett aus Rot und Blau).

Kühle Farben von Blaugrün über Violett bis Rosa weichen optisch zurück und schaffen Raum und Weite. Daher sind sie zur Gestaltung kleiner Gärten gut geeignet. Warme Farben von Gelbgrün über Gelb und Orange bis Rot drängen sich stärker in der Vordergrund und verkleinern Räume optisch.

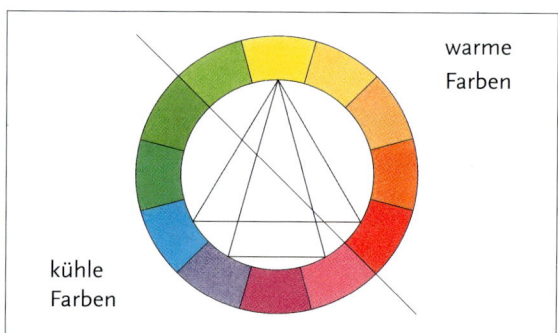

warme Farben

kühle Farben

Der Farbkreis ist unterteilt in warme und kühle Farbtöne. Die Spitzen der Dreiecke zeigen harmonische Farbkombinationen an. Direkt gegenüberliegende Farben bilden einen Komplementärkontrast.

Harmonische Zusammenstellungen sind auf mehreren Wegen möglich. Liegen die Farben auf dem Farbkreis direkt nebeneinander, ergeben sich Ton-in-Ton-Kombinationen. So lassen sich schöne Gartenbilder in Gelb- und Orangetönen schaffen. Feine Abstufungen in Rosa und Blau wirken harmonisch und romantisch. Knalleffekte bei der Farbzusammenstellung erzielt man durch die Verwendung von Komplementärfarben. Diese liegen sich im Farbkreis direkt gegenüber und verstärken sich gegenseitig in ihrer Leuchtkraft. So bilden Orange und Blau oder Gelb und Violett besonders starke Effekte. Harmonische Dreiklänge ergeben sich durch Farben, die im Farbkreis durch ein Dreieck verbunden sind. So passen Gelb, Rot und Blau sowie Gelb, Violett und Purpurrosa gut zusammen.

BEETE IN EINER FARBE

Sehr wirkungsvoll kann die Gestaltung von Beeten in einer Farbe sein. Hierbei lassen sich hervorragend Rosen, Stauden und Sommerblumen einer Farbrichtung kombinieren.

Gelb steht für Sonne, Licht und für Lebensfreude und lässt sich mit einer Vielzahl verfügbarer Sorten umsetzen.

Orange strahlt Wärme aus, wirkt aber wesentlich aufdringlicher als Gelb. Daher sind rein orangefarbene Beete nicht zu empfehlen. Sparsam eingesetzt und kombiniert mit warmen Gelbtönen ist Orange viel wirkungsvoller.

Rot ist die intensivste Blütenfarbe, temperamentvoll und dominant. Als Komplementärfarbe von Grün entfaltet Rot im Garten die größte Leuchtkraft. Verschiedene Rottöne sind in einem einfarbigen Beet relativ schwierig zu kombinieren. Verwenden Sie entweder warme Rottöne (mit Orangeanteil) oder kühle Rotabstufungen (mit Blauanteil). Klassisch und sehr harmonisch sind Kombinationen aus Rot, Weiß und Blau. Eine leuchtend warme Verbindung geht Rot mit Gelb und Orange ein.

Blau ist die Farbe des Wassers und des Himmels. Es weicht optisch zurück und lässt Weite entstehen. Verschiedene Blautöne lassen sich sehr harmonisch zusammenstellen. Märchenhaft zart und romantisch wirken Kombinationen aus Pastelltönen von Blau und Rosa mit Weiß.

Weiß ist eigentlich keine Farbe und daher im Farbkreis nicht vertreten. Als Gestaltungselement im Garten ist es aber sehr wertvoll. Es schafft Raum und Weite und verbindet andere Blütenfarben. Weiß hellt schattige Gartenbereiche wirkungsvoll auf. Reinweiße Gartenräume wirken nobel und elegant und sind mit einer Vielzahl verfügbarer Pflanzen leicht zu gestalten.

WORAUF ES NOCH ANKOMMT

Achten Sie bei der Gestaltung Ihres Gartens auch auf die Form und Struktur der Blätter und Blüten. So bilden Schleierkraut und Steinquendel Blütenwolken aus winzigen Blüten und unterstreichen die Schönheit großer Rosenblüten. Lanzenförmige Blütenstände, wie Rittersporn, Eisenhut und Steppenkerze, kontrastieren wirkungsvoll zur runden Rosenblüte. Filigrane, sich im Wind bewegende Gräser lockern eher buschig kompakt wachsende Rosenpflanzungen auf. Großlaubige Blattpflanzen wie Funkien bringen Ruhe und Struktur in gemischte Beete.

Eine bunte, fröhliche Mischung verschiedener Stauden in einem typischen Bauerngarten. Rote und weiße Kletterrosen bilden den Hintergrund dieser sommerlichen Gartenidylle.

Rosen und Stauden

Stauden sind die idealen Begleiter für Rosen. Sie bringen andere Blütenformen und -farben ins Spiel und umschmeicheln alle Rosenblüten. Durch Frühlingsblüher und Stauden, die bis spät in den Herbst hinein blühen, wird das Farbfestival in Ihrem Garten wirkungsvoll verlängert.

Botanisch handelt es sich bei Stauden um mehrjährige, winterharte, nicht verholzende Gewächse. Bei den meisten von ihnen sterben im Herbst die oberirdischen Teile ab, und die Stauden überwintern gut geschützt in der Erde. Im März oder April erfolgt dann der neue Austrieb. Ein Großteil der Stauden ist außerordentlich vital und unkompliziert und daher auch für Gartenneulinge bestens geeignet. Es gibt eine Vielzahl von Sorten für sonnige bis halbschattige Standorte, deren Ansprüche an Boden, Düngung und Wasserversorgung gut mit denen der Rosen harmonieren.

Klassische Kombination aus roten Beetrosen, blauem Rittersporn und weißen Strauchrosen

GEEIGNETE KOMBINATIONEN

Für eine vielfältige Blütenmischung aus Rosen und Stauden eignen sich am besten Beet- und Bodendecker- sowie Strauchrosen. Edelrosen sind nicht geeignet, da sie sich eher mit ihresgleichen in einem reinen Rosenbeet wohl fühlen.

Klassisch ist beispielsweise die Kombination von Rosen und Rittersporn. Die blauen aufrechten Lanzen des *Delphinium* bilden einen wunderbaren Hintergrund für alle Rosenblüten, ob rot, rosa, gelb oder weiß. Achten Sie bei der Komposition auf jeden Fall auf eine klare Staffelung der Blütenhöhen. Hohe Stauden, wie Rittersporn, Eisenhut und Königskerze, gehören in den Hintergrund. Flache Polsterstauden, wie Steinquendel, Schleifenblume und Frauenmantel, bilden den blütenreichen Beetabschluss zum Weg oder Rasen hin.

DARAUF SOLLTEN SIE ACHTEN

Ein umfangreiches Staudenangebot in guter Qualität finden Sie in Gärtnereien und Gartencentern. Meist sind die Stauden dort nach Lebensbereichen in Steingarten, Sonne, Halbschatten und Schatten geordnet. Zur Kombination mit Rosen eignen sich Stauden für sonnige und halbschattige Standorte.

Die üppig blühende rote Strauchrose umgibt sich mit einem Blütenteppich aus gelbem Lerchensporn und zartrosafarbenem Storchschnabel.

Geeignete Rosenbegleiter aus dem Staudenreich

Name	Stand-ort	Blüte-zeit	Blütenfarbe	Höhe x Breite in cm	Tipps
Blau					
Hohe Glockenblume *Campanula persicifolia* 'Grandiflora Coerulea'	○	VI–VII	hellblau	80 x 30	romantischer Rosenbegleiter
Rittersporn *Delphinium-Elatum-Hybriden*	○	VI–IX	diverse Blautöne	180 x 50	viele wertvolle Sorten
Schwertlilie *Iris sibirica* 'Caesar'	○–◐	V–VI	dunkel blauviolett	70 x 35	edle Blüte
Zier-Salbei *Salvia nemorosa* 'Ostfriesland'	○	VI–IX	violett	45 x 35	reich blühend
Skabiose *Scabiosa columbaria* 'Butterfly Blue'	○	V–IX	mittelblau	40 x 30	wertvoller Dauerblüher
Rosa und Purpur					
Herbst-Anemone *Anemone hupehensis* 'September Charm'	○–◐	VIII–X	zartrosa	80 x 40	reich blühend bis in den Herbst
Spornblume *Centranthus ruber* 'Coccineus'	○	VI–IX	leuchtend purpurrot	70 x 30	sehr reich blühend, verträgt Trockenheit
Roter Sonnenhut *Echinacea purpurea* 'Magnus'	○	VII–IX	purpurrot	100 x 40	Insektenweide
Wasserdost *Eupatorium fistulosum* 'Atropurpureum'	○	VII–IX	dunkel purpurrot	180 x 80	Insektenweide
Weiß					
Japan-Anemone *Anemone japonica* 'Honorine Jobert'	○–◐	VIII–X	reinweiß	80 x 40	große edle Blüte, wertvoller Herbstblüher
Steinquendel *Calamintha nepeta* ssp. *nepeta*	○	VI–X	weiß, lila überhaucht	30 x 30	Dauerblüher, aromatisch duftendes Blatt
Glockenblume *Campanula persicifolia* 'Grandiflora Alba'	○	VI–VII	reinweiß	80 x 30	romantischer Rosenbegleiter
Schleierkraut *Gypsophila paniculata* 'Schneeflocke'	○	VII–IX	reinweiß	85 x 60	weiße Blütenwolken
Schleifenblume *Iberis sempervirens* 'Zwergschneeflocke'	○–◐	IV–V	reinweiß	15 x 25	Frühblüher, sehr schön als Beeteinfassung
Gelb					
Frauenmantel *Alchemilla mollis*	○–◐	VI–VII	grünlichgelb	40 x 35	anspruchslos und robust
Taglilie *Hemerocallis*-Hybride 'Stella d'Oro'	○–◐	VI–X	goldgelb	40 x 35	wertvoller Dauerblüher
Nachtkerze *Oenothera missouriensis*	○	VI–IX	tiefgelb	20 x 40	großblumig, reich blühend
Nachtkerze *Oenothera tetragona* 'Sonnenwende'	○	VI–VIII	tiefgelb	80 x 30	reich blühend, verträgt Tockenheit
Sonnenhut *Rudbeckia fulgida* 'Goldsturm'	○	VII–X	tiefgelb	60 x 40	gelbes Blütenmeer im Spätsommer und Herbst
Orange und Rot					
Schafgarbe *Achillea-Millefolium-Hybride* 'Terracotta'	○	VI–VIII	Farbspiel von Orange bis Gelb	80 x 40	auffällige Blütenfarbe
Sonnenbraut *Helenium*-Hybride 'Moehrheim Beauty'	○	VII–IX	rotbraun	80 x 50	reich blühend, Vasenschnitt
Brennende Liebe *Lychnis chalcedonica*	○	VI–VII	leuchtend rot	80 x 35	auffällige Blütenfarbe, Vasenschnitt
Türkenmohn *Papaver orientale*	○	V–VI	orange bis tiefrot	60–80 x 60	viele wertvolle Sorten

Blütenpracht in Rot und Gelb: Eine gelungene Rosenpflanzung aus Beet- und Edelrosen, aufgelockert durch die gelben Blütenwolken des Frauenmantels (Alchemilla mollis). Hohe Königskerzen (Verbascum) und rote Strauchrosen runden das Bild ab.

Im Frühjahr erfolgt der Verkauf meist in den typischen 9 x 9 cm großen Töpfen. Lassen Sie sich von diesen vorerst sehr kleinen Pflanzen nicht irritieren, denn Sie kaufen das Potenzial, das in ihren Wurzeln steckt. Es ist immer wieder erstaunlich, wie schnell sich Stauden zu einer beachtlichen Größe entwickeln. Da alle Rosen viel Luft und Sonne mögen, dürfen sie von den Stauden nicht zu sehr bedrängt werden. In der Staudentabelle auf Seite 11 ist daher neben der Wuchshöhe auch die Breite beziehungsweise der zu erwartende Pflanzendurchmesser (= Pflanzabstand) angegeben. Planen Sie die ungefähre Endgröße der Stauden mit ein, und pflanzen Sie diese nicht zu eng. Auf diese Weise haben Sie eine konkrete Planungsgrundlage für Ihre Beetkompositionen.

So wird aus Ihren Stauden mehr

Jeder Gartenfreund wird seine Pflanzung immer wieder begutachten, hier etwas schneiden, dort die eine oder andere Sorte umpflanzen, deren Platz nicht optimal ist oder die sich vielleicht doch zu üppig entwickelt hat. Da sich fast alle Stauden im Frühjahr hervorragend teilen lassen, ergibt sich hier auch eine gute Gelegenheit zum Staudenaustausch mit Nachbarn und Freunden. Auf diese Weise lässt sich die Staudenvielfalt im eigenen Garten ohne allzu großen Aufwand stetig erweitern.

Auch Stauden haben Ansprüche

Die meisten Stauden aus dem Lebensbereich Sonne bis Halbschatten bevorzugen, wie die Rosen, einen neutralen bis leicht sauren, durchlässigen und mäßig feuchten Gartenboden. Die Düngung sollte zweimal jährlich mit einem organischen Volldünger erfolgen. Gut geeignet ist beispielsweise Guano oder getrockneter Rinderdung. Die Nährstoffe aus organischen Düngern werden über viele Wochen nach und nach im Boden freigesetzt, so dass sie den Pflanzen stets in ausreichender Menge zur Verfügung stehen. Außerdem fördern organische Dünger langfristig das Bodenleben und die Bodenfruchtbarkeit. Düngen Sie einmal im März zum Beginn des Pflanzenwachstums und zum zweiten Mal etwa Mitte Juni (dies gilt für Rosen und Stauden). Gleichzeitig können Sie Ihre Rosen und Stauden auch mit Kompostgaben versorgen.

Bei vielen Stauden sollte, genau wie bei Rosen, Verblühtes im Sommer kontinuierlich entfernt werden, um so die Entwicklung neuer Blütenknospen zu fördern.

Bei einem Großteil der Stauden werden im Herbst die oberirdischen Pflanzenteile braun und sterben dann ab. Der Rückschnitt kann noch im Herbst (aber erst abwarten, bis alle Teile braun sind, die Pflanze lagert noch Reservestoffe für den Winter ein) oder im frühen Frühjahr erfolgen. Bei manchen Stauden sehen die trockenen Stängel mit den Samenständen noch dekorativ aus, so dass sie auch gut über den Winter stehen bleiben können.

EXPERTEN-TIPP

Viele Stauden blühen im Sommer nach der ersten Blüte ein zweites Mal. Schneiden Sie die gesamte Pflanze nach dem Verblühen fast bodennah zurück. Versorgt mit einer Düngergabe und genügend Wasser, treiben diese Stauden erneut aus und bilden wieder Knospen.
Das funktioniert beispielsweise bei Rittersporn, Zier-Salbei und Storchschnabel.

PFLANZVORSCHLÄGE

Bei der Gestaltung mit Rosen und Stauden öffnet sich Ihnen ein weites Feld, und Ihrer Fantasie sind kaum Grenzen gesetzt. Wie wäre es mit einer romantischen Kombination aus rosafarbenen Rosen mit zartblauen und weißen Stauden? Oder einer feurigen Variante aus Rot, Orange und Gelb?

▸ **Romantik in Rosa, Weiß und Zartblau:** Pflanzen Sie eine oder mehrere Strauchrosen 'Angela'® oder 'Bremer Stadtmusikanten'®. Kombinieren Sie dazu Dreiergruppen aus weißen und hellblauen Glockenblumen (*Campanula persicifolia* 'Grandiflora Alba' und 'Grandiflora Coerulea'). Umgeben Sie das Beet mit einer Einfassung aus Steinquendel (*Calamintha nepeta* ssp. *nepeta*). Fügen Sie einige Dreiergruppen aus Moschus-Malven (*Malva moschata* 'Alba)' hinzu.

▸ **Blütenmeer in Aprikot und Violett:** Pflanzen Sie eine oder mehrere Gruppen der Beetrose 'Aprikola'® und setzen Sie in den Hintergrund des Beetes hohen Rittersporn. Fügen Sie neben den Rosen Dreiergruppen von Schwertlilien (*Iris sibirica* 'Caesar') hinzu. Schließen Sie das Beet nach vorne mit einer Reihe Skabiosen (*Scabiosa columbaria* 'Butterfly Blue') oder Storchschnabel (*Geranium himalayense* 'Johnson's Blue') ab.

*Nostalgische Rosenblüten in Aprikot werden von den tiefvioletten Blütenähren des Zier-Salbeis (*Salvia nemorosa* 'Ostfriesland') perfekt eingerahmt.*

▸ **Feuerwerk in Rot und Gelb:** Umgeben Sie die Strauchrose 'Roter Korsar'® (1 oder 3 Pflanzen, je nach verfügbarem Platz) mit einer größeren Gruppe von Sonnenhut (*Rudbeckia fulgida* 'Goldsturm'). In die Sonnenhut-Fläche pflanzen Sie als Insel noch eine Dreiergruppe Sonnenbraut (*Helenium*-Hybride 'Moerheim Beauty').

▸ **Kontrast in Tiefgelb und Violett:** Kombinieren Sie die Strauchrose 'Rhapsody in Blue' mit Gruppen der orange blühenden Schafgarbe (*Achillea-Millefolium*-Hybride 'Terracotta'). Fügen Sie Gruppen von Sonnenhut (*Rudbeckia fulgida* 'Goldsturm') hinzu und pflanzen Sie im Vordergrund kleine Gruppen oder eine Reihe der niedrigen Nachtkerze (*Oenothera missouriensis*).

STAUDEN SIND WAHRE INSEKTENWEIDEN

Stauden sind nicht nur robust und unkompliziert, viele von ihnen sind auch wahre Insektenmagnete. Wer einmal im Spätsommer die Ansammlung von Schmetterlingen, Bienen und Hummeln auf einem Wasserdost oder einem Roten Sonnenhut beobachtet hat, wird schon aus diesem Grund nicht auf Stauden in seinem Garten verzichten wollen. Besonders attraktiv für Schmetterlinge & Co. sind folgende Sorten: Wasserdost (*Eupatorium fistulosum*), Roter Sonnenhut (*Echinacea purpurea*), Steinquendel (*Calamintha nepeta* ssp. *nepeta*) und Ziest (*Stachys grandiflora*).

Ein Bild wie aus dem Märchenbuch: Zartblaue, fein geaderte Storchschnabelblüten umspielen romantische Rosenblüten.

Perfekt kombiniert in Farbe und Höhenabstufung: Eine Gruppe gelber Strauchrosen umgibt sich mit Rittersporn (Delphinium) und Ochsenzunge (Anchusa) in Ultramarinblau. Hinzu gesellen sich violette Waldreben (Clematis). Ein Band aus Frauenmantel (Alchemilla mollis) schließt das Beet ab.

ROSEN UND STAUDEN – AUCH SCHÖN IN DER VASE

Natürlich möchte man sich die sommerliche Gartenpracht auch ins Haus holen. Viele Stauden lassen sich dabei in Sträußen und Gestecken hervorragend mit Rosen kombinieren. Sehr schön harmonieren Glockenblumen in Blau und Weiß mit rosafarbenen Rosen. Der Klassiker Schleierkraut passt ebenfalls perfekt dazu. Folgende Stauden eignen sich gut zum Vasenschnitt, da sie dekorativ und lange haltbar sind: Anemonen (*Anemone japonica*, *Anemone hupehensis*), Roter Sonnenhut (*Echinacea purpurea*), Phlox (*Phlox-Paniculata*-Hybriden), Sonnenhut (*Rudbeckia fulgida* 'Goldsturm') und Sonnenbraut (*Helenium*-Hybriden). Im Sommer und Herbst können Sie zusätzlich blühende Gräser verwenden.

Rosen und Gräser

Bei einer naturnahen und abwechslungsreichen Gestaltung von Beeten aus Rosen und Stauden darf die Gruppe der Gräser auf keinen Fall fehlen. Sie haben zwar keine auffälligen Blüten, bringen aber eine gewisse Leichtigkeit und Eleganz in gemischte Pflanzungen. Hohe Gräser dienen außerdem als Strukturpflanzen.

DIE RICHTIGE AUSWAHL

Es gibt eine ganze Reihe von Gräsern, die Ausläufer bilden und mit der Zeit große Gartenflächen „erobern". Auf solche Sorten, als Beispiel sei hier das Glanzgras (*Phalaris arundinacea*) genannt, sollten Sie in jedem Fall verzichten. Geeignet sind mehrjährige, winterharte Gräser, die horstig wachsen, also kompakte und dichte Pflanzen bilden.

Das Flaschenputzergras (*Pennisetum alopecuroides* 'Hameln') ist sehr reich blühend und zeigt seine dekorativen Blütenstände von Juli bis Oktober. Verschiedene Sorten des Chinaschilfs (*Miscanthus*) bilden hohe und beeindruckende Gräsergestalten mit üppigen Blütenständen und schöner Herbstfärbung. Die Züchtungen 'Kleine Fontäne', 'Malepartus', 'Silberfeder' und 'Kleine Silberspinne' sind besonders empfehlenswert. Das Federgras (*Stipa capillata*) ist sehr Wärme liebend und kann gut für vollsonnige und trockene Standorte verwendet werden. Im Sommer erscheinen die zarten, seidenartigen Blütenstände, die sich schon beim leisesten Windhauch bewegen. Das Pfeifengras (*Molinia arundinacea*) bildet große, runde Gräserbüsche und verfärbt sich im Herbst leuchtend gelb. Das straff aufrecht wachsende Garten-Reitgras (*Calamagrostis* x *acutiflora*) lässt sich hervorragend mit Rosen und Stauden kombinieren. Schließlich sei noch das Pampasgras (*Cortaderia selloana*) mit seinen beeindruckenden, riesigen Blütenständen genannt. Als Steppengras liebt es vollsonnige Standorte und benötigt im Winter einen sorgfältigen Schutz gegen Frost und Nässe.

EXPERTEN-TIPP

Schneiden Sie Ihre Staudengräser erst im Frühjahr zurück. Die trockenen Blütenstände halten oft den ganzen Winter und lassen, besonders wenn sie mit Schnee oder Raureif überzogen sind, zauberhafte Gartenbilder entstehen.

15

Die filigranen Blütenähren von Staudengräsern bringen Leichtigkeit und Eleganz in Rosenpflanzungen. Die Blütenstände sind meist sehr dauerhaft und sehen auch im Herbst und Winter noch hübsch aus.

Rosen und Gehölze

Botanisch gesehen, handelt es sich bei Rosen auch um Blütengehölze, da sie mehrjährig sind und verholzen. Sie lassen sich mit einer ganzen Reihe von anderen Gehölzen über viele Jahre harmonisch kombinieren. Dabei sollte jedoch das Bedürfnis der Rose nach viel Luft und Sonne beachtet werden. Im Schattenwurf von großen Gehölzen und unter starkem Wurzeldruck wird keine Rose zufrieden stellend gedeihen. Halten Sie auch hier wieder Abstand und planen Sie die endgültigen Ausmaße der Pflanzen von vornherein mit ein.

FRÜHE BLÜTENPRACHT

Die Stern-Magnolie (*Magnolia stellata*) blüht bereits im März und stellt so eine gute Ergänzung zu Rosen dar. Noch früher ist der Duft-Schneeball (*Viburnum* x *bodnantense* 'Dawn') zur Stelle, der einen Teil seiner duftenden, rosafarbenen Blüten bei mildem Wetter bereits im November zeigt und dann ab Anfang März zur Hauptblüte übergeht.

EXPERTEN-TIPP

Düngen Sie Ihre Gartengehölze, genau wie die Rosen, zweimal im Jahr mit einem organischen Volldünger. Der richtige Zeitpunkt ist Mitte bis Ende März für die erste und Mitte bis Ende Juni für die zweite Düngegabe.

BLÜTENGEHÖLZE FÜR DEN SOMMER

Die anspruchslose Zierliche Deutzie (*Deutzia gracilis*) blüht reich und reinweiß. Ihre Blütezeit erstreckt sich von Mai bis Juni und läutet somit die Rosenblüte ein. Die Bartblume (*Caryopteris* x *clandonensis* 'Heavenly Blue') ist mit ihren zahlreichen blauen Blüten ein hervorragender Spätsommerblüher. Beide Gehölze bleiben kompakt und sind daher ideale Rosenpartner. Der Garten-Eibisch (*Hibiscus syriacus*) wird in zahlreichen Sorten von weiß über rosa und purpurrot bis violett angeboten. Er zeigt von Ende Juni bis Ende September seine zahlreichen, dekorativen Blüten und ist auch aufgrund der ähnlichen Standortansprüche eine gute Ergänzung für Rosen. In sehr rauen Lagen ist ein Winterschutz aus Tannenreisig empfehlenswert.

Die süß duftenden Blütenrispen des Sommerflieders (*Buddleja-Davidii*-Hybriden) sind wahre Magnete für Schmetterlinge, Bienen und Hummeln. Planen Sie für

Immergrüne Eibenhecken (Taxus baccata) bilden den Rahmen dieser gekonnten Mischung aus Rosen, Stauden und Gräsern. Eine solche Gartenanlage wirkt auch im Winter noch dekorativ und lebendig.

Der üppig blühende Rosenbogen lädt zum Eintritt in den Bauerngarten ein. Niedrige Beeteinfassungen aus Buchsbaum geben der sommerlichen Blütenpracht aus Rosen und Stauden eine klare Struktur.

diesen von Juli bis in den Herbst hinein üppig blühenden, relativ schnell wachsenden Strauch genügend Platz ein (1,5 bis 2 m in der Breite). Ein jährlicher kräftiger Rückschnitt im Frühjahr fördert den Blütenreichtum und verhindert das Vergreisen.

HECKEN UND EINFASSUNGEN

Als klassischer Rosenpartner spielt der Buchsbaum (*Buxus sempervirens* var. *arborescens*) seit Jahrhunderten eine führende Rolle. Dieses beliebte, immergrüne Gehölz gibt vielen Rosengärten eine ganzjährige Struktur und setzt im Winter leuchtend grüne Farbakzente. Als sehr gut formbarer Strauch lässt er sich zu einer Vielzahl von Formen schneiden. Die beiden Klassiker sind sicherlich die Buchsbaumkugel und der -kegel, die es in allen Größen (und Preislagen) zu kaufen gibt. Aber auch Spiralen, Würfel, Pyramiden und Kugeln auf Stämmchen finden zunehmend ihre Abnehmer. Als niedrige Einfassungen werden schwach wachsende Buchsbaumsorten, wie 'Suffruticosa' und 'Blauer Heinz' verwendet. Für höhere Hecken sind

Buxus sempervirens var. *arborescens* sowie die Sorten 'Handsworthiensis' und 'Rotundifolia' gut geeignet. Die Eibe (*Taxus baccata*) wirkt mit ihrer dunkelgrünen Benadelung etwas strenger als der frischgrüne Buchsbaum. Sie lässt sich hervorragend für hohe, dichte Hecken, beispielsweise zur Grundstücksabgrenzung verwenden. In Form geschnittene Eiben sind sehr dekorative und langlebige Gestaltungselemente.

Das Nachschneiden der vorgeformten Gehölze ist nur halb so schwer, wie es aussieht. Kaufen Sie sich eine gute manuelle Heckenschere mit scharfem Blatt (damit die Triebe nicht ausfransen). Schneiden Sie den Buchsbaum beziehungsweise die Eibe zweimal im Jahr (etwa Ende Mai und Ende Juli). Hierbei wird der Zuwachs an noch weichen, neuen Trieben gekürzt und in Form gebracht. Ein regelmäßiger Schnitt ist entscheidend für den Erfolg, da die Büsche sonst zu locker wachsen und das im Nachhinein schwierig zu korrigieren ist. Mit etwas Fantasie und viel Geduld lassen sich im Laufe der Jahre auch hübsche Eigenkreationen aus Buchsbaum oder Eibe gestalten.

Rosen und Kletterpflanzen

Kletterkünstler unter sich: Das leuchtende Purpurrot der Clematis kontrastiert wirkungsvoll mit dem Cremeweiß der Ramblerrose.

zen ist die Waldrebe (*Clematis* in Arten und Sorten). Diese Gruppe besitzt eine große Vielfalt an Blütenfarben und -formen, Wuchsstärken und Blütezeiten, so dass hier viele Kombinationen mit Rosen möglich sind. So lassen sich die stark wachsenden Ramblerrosen hervorragend mit hoch wachsenden, kleinblumigen *Clematis montana*, *Clematis flammula* und *Clematis orientalis* benachbarn. In alten Bäumen kann eine solche Kombination wunderschön aussehen. Naturgemäß wird man die sonnenliebende Rose möglichst auf die Südseite pflanzen, die etwas schattenverträglichere Waldrebe auf die sonnenabgewandte Seite.

Zur Kombination mit öfterblühenden Kletterrosen eignet sich eine ganze Reihe von nicht zu starkwüchsigen, sommerblühenden Clematis. Die Gruppe der *Clematis viticella*-Sorten ist ausgesprochen reich blühend und gesund. Die dunkelviolette 'Romantika' passt wunderschön zu dem zarten Rosa von 'New Dawn'. Die hellblaue 'Prince Charles' lässt sich gut mit kräftig rosafarbenen Kletterosen, wie 'Rosanna'®

Die meisten Kletterpflanzen sind keine idealen Rosenbegleiter, da sie häufig sehr starkwüchsig sind und den Rosen Licht und Nährstoffe streitig machen. Sie kommen eher an Standorten zum Einsatz, die für Rosen ungeeignet sind. So gedeihen Efeu und Wilder Wein selbst im vollen Schatten ganz hervorragend, und der genügsame Knöterich nimmt auch mit mageren Böden vorlieb.

SIE KÖNNEN MIT ROSEN KLETTERN

Ein möglicher Partner für stark wachsende Kletterrosen und Rambler ist das Geißblatt (*Lonicera* x *heckrottii*, *Lonicera caprifolium*). Beide Arten werden etwa 5 m hoch und blühen üppig mit stark duftenden Blüten. Beachten Sie bei solchen raumgreifenden Kombinationen aber unbedingt den Platzbedarf.
Der klassische Rosenbegleiter unter den Kletterpflan-

Geißblatt (Lonicera caprifolium) *und starkwüchsige Kletterrosen bilden eine dichte Blütenwand. Solche Kombinationen brauchen in jedem Fall ein stabiles Klettergerüst, da sie im Laufe der Jahre sehr raumgreifend und schwer werden.*

Ein Blütenkleid aus Rosen und Clematis verzaubert dieses alte Haus. Die harmonische Farbkombination aus Rosa- und Violett-Tönen vor der hellen Steinfassade wirkt einfach märchenhaft.

oder 'Rosarium Uetersen'® benachbarn. Rechnen Sie je nach *Clematis*-Sorte mit 80 bis 100 cm Pflanzabstand.

Großblumige *Clematis*-Hybriden sind etwas anspruchsvoller und können von der gefürchteten *Clematis*-Welke, einem Schadpilz, befallen werden. Staunässe sollte daher unbedingt vermieden werden. Da die Waldrebe als Waldrandpflanze einen schattigen Fuß schätzt, ist eine bis kniehohe Vorpflanzung aus Stauden oder Bodendeckerrosen nicht nur dekorativ, sondern auch nützlich. Noch ein Tipp für Genießer: Es gibt auch duftende *Clematis*-Sorten.

KOMBINATIONEN AUS ÖFTERBLÜHENDEN KLETTERROSEN UND GROSSBLUMIGEN *CLEMATIS*-SORTEN

Rose	Blütenfarbe	Clematis	Blütenfarbe
'Uetersener Klosterrose'®	cremefarben	'Madame le Coultre'	reinweiß
'Kir Royal'®	zartrosa	'Königskind'®	königsblau
'Aloha'®	aprikot	'Königskind'®	königsblau
'Compassion'®	lachsrosa	'Lasurstern'	lavendelblau
'Moonlight'®	gelb-orange	'Julka', 'Jackmannii'	tiefviolett
'Laguna'®	pink bis himbeerrot	'Madame le Coultre'	reinweiß
'Sympathie'	samtiges Dunkelrot	'Madame le Coultre'	reinweiß

Rosen und Sommerblumen

Als Sommerblumen werden Gewächse bezeichnet, die bei uns nicht winterhart sind und uns nur in der frostfreien Zeit von Mai bis Oktober mit ihrem Blütenreichtum erfreuen. Auch ein Großteil unserer Balkonblumen gehört hierzu. Meist handelt es sich um außerordentlich reich blühende Pflanzen, die den ganzen Sommer über praktisch ohne Pause ihre Blütenfülle zeigen. Die Rosenblüte lässt sich durch Sommerblumen hervorragend ergänzen, da neben anderen Blütenfarben, wie reinem Blau, auch andere Blatt- und Blütenstrukturen ins Spiel kommen. Polsterbildende Sommerblumen lassen sich gut als niedrige Randbepflanzung verwenden, hoch wachsende Einjährige bilden einen blütenreichen Hintergrund.

ROSENPARTNER AUS DEM REICH DER SOMMERBLUMEN

Name	Standort	Blütezeit	Blütenfarbe	Höhe in cm	Tipps
Einfache Stockrose *Alcea ficifolia*	○	VI–IX	weiß, gelb, rosa, rot, lila	180	viele Sorten
Gefüllte Stockrose *Alcea rosea*	○	VI–IX	weiß, gelb, rosa, rot, lila	180	viele Sorten
Schmuckkörbchen *Cosmos bipinnatus*	○	VI–IX	weiß, rosa bis lila	70–80	großblumig, reich blühend
Schlafmützchen *Eschscholzia californica*	○	VI–X	weiß, gelb, orange, rot	15–20	mattenbildend, reich blühend
Männertreu *Lobelia erinus*	○-◑	V–X	(hell-) blau, weiß, purpur	10–20	dichte Blütenkissen
Duftsteinrich *Lobularia maritima*	○	VI–IX	weiß, purpurrot, violett	5–10	dichte Blütenkissen, Honigduft
Jungfer im Grünen *Nigella damascena*	○-◑	VI–IX	pastellblau	40–50	feines Blatt, zarte Blütenfarben
Mehl-Salbei *Salvia farinacea*	○-◑	V–X	reinblau	40	lange und reich blühend
Zier-Salbei *Salvia patens*	○	VI–X	leuchtend königsblau	50–60	sehr attraktiver Farbton
Verbene *Verbena bonariensis*	○	VI–X	hell lila	100–150	liebt Sonne, verträgt Trockenheit

Schmuckkörbchen
(Cosmos bipinnatus)

Schlafmützchen
(Eschscholzia californica)

Mehl-Salbei
(Salvia farinacea)

Ansprüche

Sommerblumen bevorzugen wie Rosen einen sonnigen bis maximal halbschattigen Standort und einen fruchtbaren, nicht zu trockenen Gartenboden. Pflanzen Sie Ihre Sommerblumen am besten erst nach den Eisheiligen aus, da diese im Gewächshaus herangezogenen Pflanzen empfindlich gegenüber Spätfrösten sind. Viele Sommerblumen lassen sich problemlos aus Saatgut selbst anziehen. Achten Sie auf eine gute Wasser- und Nährstoffversorgung, damit die Pflanzen kontinuierlich blühen können. Planen Sie genügend große Pflanzabstände ein, da viele Sommerblumen innerhalb weniger Wochen ein erstaunliches Wachstum zeigen.

Die schönsten Kombinationspartner für Rosen

Hochwachsende Einjährige lassen sich dekorativ im Hintergrund eines Beetes verwenden. Die mannshoch werdenden Stockrosen (*Alcea rosea*) pflanzt man beispielsweise an Zäunen, Hauswänden oder Mauern entlang. Auch neben Kletterrosen machen sie eine gute Figur. Verbenen (*Verbena bonariensis*) sind leider noch viel zu wenig bekannt. Sie tragen Hunderte kleine, hell lilafarbene Blüten an relativ dünnen Stängeln und scheinen somit zwischen und hinter den Rosen zu schweben. Da sie sich relativ leicht selbst aussäen, kann man sie über viele Jahre ohne große Mühe kultivieren.

Bei den polsterbildenden Sommerblumen ist der Duftsteinrich (*Lobularia maritima*) sehr zu empfehlen. Er überzieht den Boden mit einem dichten Polster duftender Blüten und ist als Randbepflanzung eines Rosenbeetes sehr dekorativ. Die weißen Sorten sind nach wie vor, was Blütenreichtum und Duft angeht, den farbigen Züchtungen vorzuziehen. Duftsteinrich liebt sonnige Gartenplätze und besiedelt auch mit Vorliebe trockene Standorte mit mageren, sandigen Böden.

Das Schlafmützchen, auch Kalifornischer Goldmohn genannt (*Eschscholzia californica*), verdient ebenfalls mehr Aufmerksamkeit und Präsenz in unseren Gärten.

Die bis zu 2 m hohen Stockrosen lieben geschützte Standorte an Mauern und Hauswänden. Hier bieten sich schöne Kombinationsmöglichkeiten mit Kletterrosen wie der zartrosa 'New Dawn'.

Es bildet niedrige Matten aus Hunderten entzückender Blüten in leuchtenden Farbtönen von Gelb über Orange bis Rot. Mit einer niedrigen Wuchshöhe von bis zu 20 cm ist es auch als Randbepflanzung ideal. Bei romantischen Rosenbeeten darf natürlich die Jungfer im Grünen (*Nigella damascena*) nicht fehlen. Diese zauberhafte Einjährige besticht durch filigranes Laub und zarte Blüten in Pastelltönen. Kombiniert mit nostalgischen Rosen und Stauden im Farbbereich weiß-rosa-zartblau ist das märchenhafte Gartenflair perfekt. Die Jungfer im Grünen lässt sich auch gut in gemischten Sträußen verwenden. Ihre haltbaren Samenkapseln zieren das Blumenbeet bis zum Frost.

Das „blaueste Blau" im Pflanzenreich bietet neben Rittersporn sicher der Zier-Salbei (*Salvia patens*). Dieser unbeschreiblich leuchtende Farbton ergänzt alle Rosenblütenfarben von Weiß über Rosa und Rot bis Orange und Gelb. Er blüht unermüdlich bis in den Herbst hinein und bevorzugt vollsonnige Standorte. Viele Sommerblumen sind auch ideal für eine Kübelbepflanzung. So lassen sich Rosenhochstämme dekorativ mit polsterbildenden Sommerblumen, wie Männertreu oder Duftsteinrich, unterpflanzen.

Rosen für Balkon und Terrasse

Auch wer keinen Garten besitzt, muss auf sommerliche Rosenpracht nicht verzichten. Viele Sorten gedeihen problemlos in großen Pflanzkübeln auf dem Balkon oder der Terrasse (geeignete Sorten siehe Tabelle Seite 88).

DARAUF KOMMT ES AN

Da Rosen relativ lange Wurzeln bilden, ist vor allem die Höhe der Töpfe wichtig. Als Faustzahl gelten etwa 50 cm Höhe und 40 bis 50 cm Topfdurchmesser. Dabei ist es den Rosen ziemlich egal, ob sie in Kunststoff-, Terrakotta- oder Keramiktöpfen gepflanzt werden. Hauptsache ist, die Größe stimmt und die Wurzeln haben genug Platz.

Da die Rosen über mehrere Jahre in den Töpfen stehen werden, sollten Sie in jedem Fall ein hochwertiges, strukturstabiles Substrat nehmen. Geeignet sind spezielle Rosenerden oder gute Kübelpflanzenerden von Markenherstellern. Die Erde ist die Basis allen Wachstums. Ihre Qualität hat deutlichen Einfluss auf die Pflanzenvitalität. Deshalb sollte hier auf

Stammrosen wirken in Kübeln besonders dekorativ. Werden Rosensorten mit weichen, biegsamen Trieben auf einen Stamm veredelt, bilden sich lange Blütengirlanden.

keinen Fall gespart werden. Eine Beimischung von bis zu einem Drittel Gartenerde ist möglich.

Da der Wurzelraum auch in einem großen Topf begrenzt ist, sollten Sie besonders auf eine gute Versorgung der Rosen mit Wasser und Nährstoffen achten. An heißen und windigen Sommertagen ist tägliches Gießen notwendig. Als Dünger empfiehlt sich ein Depotdünger (Langzeitdünger), der die Nährstoffe kontinuierlich über einen längeren Zeitraum an die Rosen abgibt. Ab Mitte Juli sollte nicht mehr gedüngt werden, damit die Rosentriebe vor dem Winter genügend ausreifen können.

Rosen lieben zwar sonnige Plätze, mögen aber keine extrem heißen Standorte auf der Südseite. Bedingt durch Wärmeabstrahlung vom Boden und von den Wänden sowie geringe Luftbewegung kommt es an solchen Plätzen häufig zu einem Befall mit Spinnmilben, die schwierig zu bekämpfen sind. Suchen Sie besser von vornherein ein weniger heißes Plätzchen mit frischem Wind für Ihre rosige Kübelpflanze.

Dickwandige Terrakotta-Gefäße unterstreichen die zarte Schönheit von Rosenblüten.

GEEIGNETE ROSEN FÜR DIE TOPFKULTUR

Edelrosen sind für eine Kübelbepflanzung nicht so gut geeignet, da sie eher schmal aufrecht wachsen und im Kübel oft etwas mager aussehen. Außerdem sind sie sehr anspruchsvoll und daher im Gartenbeet besser aufgehoben. Ideal für Kübel sind Beet- und Kleinstrauchrosen. Sie sind kompakt, reich blühend und robust und finden so auch auf kleineren Balkonen noch ihren Platz. Sorten, die das ADR-Prädikat (Allgemeine Deutsche Rosenneuheitenprüfung, S. 37) besitzen, sind überdurchschnittlich robust und gesund. Für große Terrassen kommen auch hochwachsende Strauchrosen in Frage und selbst Kletterrosen (versehen mit einer stabilen Rankhilfe) wachsen und blühen prächtig in entsprechend großen Gefäßen.

Ideal für eine blütenreiche Gestaltung von Balkon und Terrasse sind Rosenhochstämme. Sie benötigen in der Breite relativ wenig Platz und lassen sich dekorativ mit niedrigen Sommerblumen oder Polsterstauden unterpflanzen.

Für Blumenkästen und flachere Gefäße gibt es inzwischen auch eine ganze Reihe von Rosen, die durch Stecklinge vermehrt werden. Hierbei handelt es sich meist um Sorten aus der Gruppe der Kleinstrauchrosen. Diese so genannten „wurzelechten" Rosen bilden nicht so extrem lange Wurzeln und nehmen daher auch mit kleineren Gefäßen vorlieb. Seien Sie aber trotzdem nicht zu sparsam mit der Kübelgröße, wenn die Rose über Jahre üppig blühen und gedeihen soll.

23

Ein Terrassenplatz zum Verweilen und Träumen. Ein Hofstaat aus weißen und blauen Glockenblumen und silbrigem Wollziest umgibt die gelben, duftenden Blüten der Strauchrose 'Graham Thomas'.

Die Jahreszeiten im Rosengarten

GESTALTUNG

Naturgemäß gibt ein reines Rosenbeet im Frühling (außer Arbeiten, wie Rückschnitt und Düngung) oder Winter nicht viel her. Um sich zu jeder Jahreszeit an schönen Gartenszenen erfreuen zu können, ist deshalb eine gekonnte Mischung aus Rosen, Stauden, Gehölzen und Blumenzwiebeln das A und O.

FRÜHLING

Besonders im Frühjahr können Blumenzwiebeln zauberhafte Gartenbilder ergeben. Optimal für ein gemischtes Rosenbeet sind früh blühende, klein bleibende Zwiebelblumen, da sie nicht mit den Rosen um Licht und Nährstoffe konkurrieren. Wenn die Rosen ihr Blattwerk bilden, haben sich die kleinen Frühlingsboten schon längst zur Sommerruhe in die Erde zurückgezogen. Das robuste Schneeglöckchen (*Galanthus nivalis, Galanthus elwesii*) blüht bereits ab Februar und breitet sich an zusagenden Standorten problemlos aus. Hübsche Vorfrühlingsboten sind auch die kleinen gelben Blütenköpfe des Winterlings (*Eranthis hyemalis*). Zwergiris besitzen filigrane Blüten in Blau (*Iris histroides*), Violett (*Iris reticulata*) und Gelb (*Iris danfordiae*). Sie bevorzugen voll sonnige Standorte und einen durchlässigen Gartenboden. Sehr robust und unkompliziert sind Schneestolz (*Chionodoxa luciliae*) und Blausternchen (*Scilla sibirica*), die sich ebenfalls problemlos vermehren und jedes Jahr im März üppige blaue Blütenteppiche bilden.

Alle frühjahrsblühenden Zwiebeln kommen im Herbst in die Erde. Sie werden etwa ab Ende August/Anfang September im Handel angeboten und sollten dann so schnell wie möglich gesteckt werden.

SOMMER

Von Juni bis September erwartet uns die üppige Zeit der Rosenblüte. Zusammen mit Stauden, Sommerblumen und sommerblühenden Zwiebeln lässt sich die Königin der Blumen noch vorteilhafter in Szene setzen. Eine sehr edle Kombination bilden Rosen und Lilien. Die Madonnen-Lilie (*Lilium candidum*) öffnet ihre reinweißen, duftenden Trichterblüten im Juni und Juli. Mit einer Wuchshöhe von 80 bis 130 cm ergibt sie zwi-

> **EXPERTEN-TIPP**
>
> Belassen Sie bei Frühblühern, wie Schneeglöckchen, Blausternchen und Schneestolz, die Samenstände an den Pflanzen. Sie vermehren sich durch Selbstaussaat und bilden wunderschöne Blütenteppiche. Lückige Rasenflächen und Plätze unter Laub abwerfenden Hecken sind zum Verwildern geeignet.

Königinnen unter sich: Sommerliche Blütenpracht aus Rosen und Lilien

Wenn Verblühtes nicht entfernt wird, ist im Herbst mit der Farbenpracht der Hagebutten zu rechnen.

schen oder hinter Rosen gepflanzt wunderschöne Gartenbilder.

Dahlien (*Dahlia*-Hybriden) gibt es in einer riesigen Auswahl an Blütenfarben und -formen in Wuchshöhen von 25 bis 150 cm. Die nicht winterharten Knollen werden jährlich im Mai gepflanzt. Ende Oktober werden sie aus der Erde genommen und kühl und frostfrei überwintert.

Montbretien (*Crocosmia crocosmiiflora*) öffnen ihre Blüten von Juni bis September. Es werden orangegelbe, reinorange und leuchtend rote Sorten angeboten. Die Knollen werden im Frühjahr etwa 10 cm tief in die Erde gepflanzt. Häufig sind im Sommer auch blühende Montbretien in Töpfen auf dem Markt. Da sie in rauen Klimaten nicht zuverlässig winterhart sind, sollten sie mit einer dicken Laubschicht vor starken Frösten geschützt werden. Mit ihren schwertförmigen Blättern und den etwa 40 cm langen, eleganten Blütenrispen lassen sie sich gut mit Rosen aus dem Farbbereich weiß-gelb-orange-rot kombinieren.

HERBST

Viele Rosen blühen bis zum ersten Frost und geben auch dem Herbstgarten noch Farbe und Üppigkeit. Dazu kommt der leuchtende Hagebuttenschmuck

einmalblühender Sorten. Wenn Sie bei der Herbstblüte auf einen Rückschnitt der verblühten Rosen verzichten, bilden auch viele öfterblühende Rosensorten dekorative Hagebutten. Spät blühende Stauden wie Eisenhut, Japanische Anemonen und der Sonnenhut ergänzen die Blütenpracht. Die Herbstzeitlose (*Colchicum autumnale*) öffnet ihre zart lilafarbenen Blüten im September/Oktober.

Viele Gräser verzaubern uns im Hebst mit ihren filigranen Blüten und der Herbstfärbung ihrer Halme. Gehölze mit buntem Herbstlaub wie der Federbuschstrauch (*Fothergilla major*) setzen weitere Farbakzente.

WINTER

Im Winter hält die Natur ihren Atem an. Dennoch gibt es auch in den frostigen Wintermonaten viel Schönes im Garten zu entdecken. Rote Hagebutten glitzern mit Schneekristallen überzogen in der Sonne. Die trockenen Blütenstände der Staudengräser bewegen sich sanft im Wind und schmücken sich mit Raureif. Immergrüne Gehölze wie Buchsbaum und Eiben setzen grüne Farbakzente. Und schon im Februar stecken die frühen Zwiebelblumen wieder ihre Köpfe aus der Erde, und ein neues Blütenjahr beginnt.

Auch der Winter bietet zauberhafte Gartenbilder. Mit glitzernden Schneeflocken bestäubt, leuchten rote Hagebutten und späte Rosenblüten in der Sonne.

Lösungen für Schattenplätze

Schattige Gartenplätze sind keine Rosenstandorte. Als Sonnenliebhaber verkümmern Rosen an solchen Plätzen, bekommen verstärkt Pilzkrankheiten und blühen nur noch spärlich.

HALBSCHATTEN WIRD VERTRAGEN

Als Faustzahl für einen akzeptabeln Rosenstandort gelten mindestens fünf Stunden direkte Sonne im Sommer pro Tag. Für diese halbschattigen Standorte sind am besten besonders robuste und gesunde Rosen geeignet. Edelrosen, die eher anspruchsvoll sind und nur beste Bedingungen bekommen sollten, sind hier fehl am Platz. Sorten aus den Gruppen der Beet-, Kleinstrauch- und

EXPERTEN-TIPP

Auch im vollen Schatten müssen Sie auf Kletterkünstler nicht verzichten. Robustes Efeu (*Hedera*) bildet dichte, immergrüne Wände. Kletter-Hortensien (*Hydrangea petiolaris*) zeigen ihre großen, cremeweißen Blütenstände im Juni und Juli. Die Pfeifenblume (*Aristolochia macrophylla*) ist mit ihren bis zu 30 cm langen, herzförmigen Blättern ein sehr dekorativer Schlinger.

Stauchrosen sind viel besser geeignet. Besonders robuste Sorten erkennen Sie am ADR-Prädikat. Bei den Rosenporträts finden Sie ebenfalls Hinweise auf die Verträglichkeit halbschattiger Standorte.

In der Gruppe der kletternden Rosen kommen vor allem die Ramblerrosen wie 'Bobbie James', 'Lykkefund' und 'Paul's Himalayan Musk' mit weniger Sonne zurecht. Daher und aufgrund ihrer starken Wuchskraft, können sie gut in alte Bäume hineinklettern. Die zart aprikotfarbene 'Ghislaine de Féligonde' gilt ebenfalls als relativ schattentolerant. Man kann sie als buschige Strauchrose oder, aufgebunden an einem Spalier oder Obelisken, als Kletterrose verwenden.

'Ghislaine de Féligonde' kommt auch mit halbschattigen Standorten gut zurecht. Aufgebunden an einen Obelisken wirkt sie besonders edel.

ERSATZPFLANZEN FÜR SCHATTIGE BEREICHE

Vollschattige Gartenplätze kommen für Rosen nicht in Frage. Es gibt aber eine gute Auswahl an schattenverträglichen Stauden und Gehölzen, so dass auch hier schöne Gartenbilder entstehen können.

Buchsbäume und Eiben setzen auch im tiefsten Schatten immergrüne Akzente. Kirschlorbeer (*Prunus laurocerasus*) und Stechpalmen (*Ilex aquifolium, Ilex x meserveae*) sind ebenfalls sehr schattenverträglich. Bei den winterharten Stauden sowie Gräsern und Farnen findet sich eine große Vielfalt dekorativer Sorten für diese Standorte. Funkien (*Hosta* in Arten und Sorten) bilden dichte Blatthorste und sind sehr langlebig und robust. Sorten mit grünen und blaugrünen Blättern sind sehr schattenverträglich, während buntlaubige Sorten mehr Sonne benötigen.

Da im Schatten selbst Rasen häufig nicht optimal gedeiht, sind auch immergrüne Bodendecker sehr gefragt. *Waldsteinia ternata* bildet flache, dichte Polster aus glänzend grünen Blättern und blüht im April/

Ramblerrosen bilden üppige Blütenvorhänge und eignen sich besonders zum Begrünen alter Bäume. Sie blühen zwar nur einmal jährlich, für fünf bis sechs Wochen im Frühsommer, dafür aber mit überreicher Blütenfülle. Viele Sorten verströmen einen feinen Duft.

Mai mit leuchtend gelben Blüten. Auch das Kleine (*Vinca minor*) und das Große Immergrün (*Vinca major*) sind mit ihren zahlreichen violettblauen Blüten sehr zu empfehlen. Elfenblumen (*Epimedium*) bezaubern uns im April und Mai mit ihren zarten Blüten in Gelb, Rosa und Purpurrosa. Es gibt immergrüne und sommergrüne Sorten. Das robuste, immergrüne Efeu (*Hedera helix*) nimmt mit fast jedem Standort vorlieb und bildet flache, dichte Matten. Bei den Staudengräsern sind die immergrüne Segge (*Carex morrowii* 'Variegata') und die sommergrüne Waldmarbel (*Luzula sylvatica*) nahezu unverwüstlich.

Als große Solitärstauden sind die Schaublatt-Arten *Rodgersia tabularis* und *Rodgersia aesculifolia* sehr dekorativ. Sie werden bis zu 1 m hoch und setzen mit ihren großflächigen Blättern interessante Akzente. Beide blühen im Sommer mit cremeweißen Blütenständen. Die Silberkerze (*Cimicifuga simplex* 'White Pearl') zeigt im September und Oktober ihre zauber-

haften, zarten Blütenkerzen. Sie ist mit bis zu 1,50 m Höhe eine prächtige Solitärstaude für den Schatten und auch bei Bienen und Hummeln sehr beliebt. Die Sorte *Cimicifuga ramosa* 'Atropurpurea' besitzt zudem dekoratives bordeauxrotes Laub.

Winterharte Farne sind im Schatten ebenfalls wahre Gartenkünstler. Es gibt sommergrüne Arten und Sorten und solche, die auch im Winter ihre dekorativen Wedel behalten. Als Waldpflanzen bevorzugen die meisten Farne gleichmäßig feuchte Bodenverhältnisse. Der Hirschzungenfarn (*Phyllitis scolopendrium*) besitzt ungefiederte, wintergrüne Wedel und wird nur bis 40 cm hoch. Wurmfarne (*Dryopteris*) werden mit 60 bis 90 cm höher. Ihre dekorativen gefiederten Wedel setzen auch im Winter hübsche Farbtupfer. Der bis zu 100 cm hoch werdende Königsfarn (*Osmunda regalis*) gehört zu den sommergrünen Arten. Seine großen, doppelt gefiederten Wedel zeichnen sich durch eine schöne Herbstfärbung aus.

Rosengärten

DEUTSCHLANDS ROSARIEN

Ort	Name	Info
01129 Dresden	Rosengarten am Neustädter Elbufer	Landeshauptstadt Dresden, Tel.: 03 51/48 80
01326 Dresden-Pillnitz	Lehr- und Sichtungsgarten	Tel.: 03 51/26 12-476
03042 Cottbus	Rosengarten im Spreeauenpark	BUGA Cottbus 1995 GmbH, Tel.: 03 55/7 54 20
03149 Forst (Lausitz)	Ostdeutscher Rosengarten	Tel.: 0 35 62/75 48, Fax: 0 35 62/9 89-4 73
06526 Sangerhausen	Europa-Rosarium	Tel.: 0 34 64/57 25 22
10785 Berlin	Rosengarten im Tiergarten	Natur- und Grünflächenamt Tiergarten, Tel.: 0 30/2 00 93 31 10
13161 Berlin	Bürgerpark Pankow	Bezirksamt Pankow, Tel.: 0 30/90 29 50
14109 Berlin	Rosengarten auf der Pfaueninsel	Stiftung Preußische Schlösser und Gärten, Tel.: 03 31/96 94-201
14414 Potsdam	Schloß Charlottenhof im Park Sanssouci	Stiftung Preußische Schlösser und Gärten, Tel.: 03 31/96 94-309
20359 Hamburg	Planten un Blomen	Bauamt Planten un Blomen, Tel.: 0 40/4 28 23-21 50
24960 Glücksburg	Schloßpark Rosarium	Tel.: 0 46 31/6 01 00
25365 Sparrieshoop	Rosengarten von W. Kordes' Söhne	Tel.: 0 41 21/4 87 00
25436 Uetersen	Rosarium Uetersen, Berliner Straße	Rathaus, Tel.: 0 41 22-71 40
30419 Hannover	Rosengarten im Großen Garten	Stadt Hannover, Tel.: 05 11/16 84 75 76
30966 Hemmingen	Historische Rosengärten	Tel.: 05 11/42 07 70
33334 Gütersloh	Schaugarten der Rosenschule Noack Rosen	Noack Rosen, Im Waterkamp 12
34131 Kassel	Park Wilhelmshöhe	Tel.: 05 61/31 13 59
44139 Dortmund	Deutsches Rosarium VDR im Westfalenpark	Tel.: 02 31/5 02 61-00 oder -16
60323 Frankfurt/Main	Rosengarten im Palmengarten	Tel.: 0 69/21 23 66 89
61231 Bad-Nauheim-Steinfurth	Schaugarten der Rosenschule Gönewein	Tel.: 0 60 32/8 51 81

Das Europa-Rosarium Sangerhausen ist mit mehr als 7000 Rosensorten das weltweit größte Rosarium.

FORTSETZUNG DEUTSCHLANDS ROSARIEN

Ort	Name	Info
61231 Bad-Nauheim-Steinfurth	Rosenmuseum Steinfurth	Tel.: 0 60 32/8 60 01
61231 Bad-Nauheim-Steinfurth	Schaugarten der Rosen-Union	Tel.: 0 60 32/96 53 01
61231 Bad-Nauheim-Steinfurth	Rosenhof Schultheis, Bad Nauheimer Str. 3–7	Tel.: 0 60 32/8 10 13
64287 Darmstadt	Rosenhöhe	Tel.: 0 61 51/5 51 50
66482 Zweibrücken	Wildrosengarten Fasanerie und Europas Rosengarten	Stadtverwaltung Zweibrücken, Tel.: 0 63 32/87 16 73
67059 Ludwigshafen am Rhein	Rosengarten im Ebertpark, Erzberger Straße	Grün- und Friedhofbetrieb, Tel.: 06 21/5 04-33 75
68165 Mannheim	Rosengarten im Herzogenriedpark, Hochufer Str. 27	Stadtpark Mannheim GmbH, Tel.: 06 21/41 00 50
70192 Stuttgart	Tal der Rosen, Höhenpark Killesberg	Garten- und Friedhofsamt, Maybachstr. 3, Tel.: 07 11/21 6-71 60

FORTSETZUNG DEUTSCHLANDS ROSARIEN

Ort	Name	Info
71640 Ludwigsburg	Blühendes Barock	Tel.: 0 71 41/97 56 50
76530 Baden-Baden	Rosenneuheitengarten auf dem Beutig und Gönneranlage	Gartenamt Baden-Baden, Tel.: 0 72 21/93 12 01
77933 Lahr	Rosengarten im Stadtpark	Tel.: 0 78 21/9 10-06 20
78465 Mainau	Blumeninsel im Bodensee	Blumeninsel Mainau GmbH, Tel.: 0 75 31/30 30
81541 München	Rosengarten im Westpark, Hansa Str. 53	Landeshauptstadt München, Baureferat, Tel.: 0 89/7 60 16 75
81543 München	Rosengarten an der Sachsenstraße	Städtische Baumschule, Tel./Fax: 0 89/23 32 76 58
95028 Hof	Botanischer Garten im Bürgerpark Teresienstein	Stadtgartenamt, Tel.: 0 92 81/81 56 66
96049 Bamberg	Rosengarten der neuen Residenz	Staatliche Schloßverwaltung, Tel.: 09 51/5 19 39-0, Fax: -129

ÖSTERREICHS ROSARIEN

Ort	Name	Info
1010 Wien (22. Bezirk)	Rosarium im Donaupark Wien	Tel.: 00 43 (0)1 / 26 97 92 10
2500 Baden bei Wien	Österreichisches Rosarium im Doblhoffpark	Tel.: 00 43 (0)22 52 / 2 26 00-600

ROSARIEN DER SCHWEIZ

Ort	Name	Info
1211 Geneve (Genf)	Roseraie du Parc de la Grange Genf	Tel.: 00 41 (0)22 / 4 18 50 00 Fax: 00 41 (0)22 / 4 18 50 01
5605 Dottikon	Rosenschule Huber	Tel.: 00 41 (0)56 / 6 24 18 27 Fax: 00 41 (0)56 / 6 24 24 24 E-Mail: info@rosen-huber.ch
6284 Gelfingen	Rosengarten Schloß Heidegg bei Luzern	Tel.: 00 41 (0)41 / 9 17 13 25 Fax: 00 41 (0)41 / 9 17 13 08 E-Mail: info@heidegg.ch
8532 Warth / Kanton Thurgau	Rosengarten Kartause Ittingen	Tel.: 00 41 (0)52 / 7 48 44 11 Fax: 00 41 (0) 52 / 7 47 26 57 E-Mail: kartause@bluewin.ch

Bitte vor einem Besuch nach Öffnungszeiten, Eintrittspreisen und Anfahrtsweg erkundigen.
Die angegebene Postleitzahl gehört zur Info-Adresse.

Geschichte und Züchtung der Rose

DIE GESCHICHTE DER ROSE

Für den Botaniker gehören die Rosen, wie auch ihre Verwandten, der Apfel, die Kirsche und sogar die Erdbeere, zur Familie der Rosengewächse. Die natürlichen Vorkommen der Rose existieren schon seit Millionen von Jahren auf fast allen Kontinenten, viel länger also, als es uns Menschen gibt. Diese so genannten Wildrosen sind von großer Wichtigkeit für das Funktionieren des biologischen Gleichgewichts. Ihr Blütenpollen ist Nahrungsquelle für Bienen und andere Insekten, und die Früchte der Rose, die Hagebutten, dienen vielen Tieren als vitaminreiche Winterspeise.

Auf den Menschen übte die Rose mit ihrer geheimnisvollen Mixtur aus Anmut, Duft und Wehrhaftigkeit schon immer eine zeitlose Faszination aus. So findet man Beschreibungen der Rose in vielgestaltiger Form, in zahlreichen Epochen und Kulturen, bei unterschiedlichen Völkern und Glaubensrichtungen rund um den Erdball. Beginnend mit der Gartenkultur in China vor fast 5000 Jahren, über die mythische Rosenverehrung der alten Griechen und Römer in der Antike, bis hin zum Europa des Mittelalters, wo sie hauptsächlich als Heilpflanze Anwendung fand, hat die Rose eine ganz besondere Stellung im Alltagsleben und der Fantasie der Menschen eingenommen.

So begann der Mensch, immer geleitet von den Schönheitsidealen seiner Epoche, auch schon früh, Einfluss auf die Entwicklung der Rose zu nehmen. Im Laufe der Jahrhunderte entstand dadurch eine Vielzahl von neuen Rosengruppen und -typen. Besonders gefördert durch neue Handelswege zwischen den Kontinenten, aber auch durch die Kreuzzüge, gelangten auch die Rosen fremder Kulturkreise nach Europa, mit Farben, Blütenformen und anderen Eigenschaften, die man von den heimischen Arten nicht kannte. Trotz der Entstehung unzähliger Rosensorten kann man zu diesen Zeiten noch nicht von gezielter Rosenzüchtung sprechen, da es sich meist um Zufallsprodukte aus so genannten freien Abblüten handelte, die man erhielt, wenn man zwei Rosen einfach dicht nebeneinander pflanzte.

Die Flaumrose, Rosa tomentella, *ist eine in Mitteleuropa heimische Wildart. In Deutschland kommt sie hauptsächlich in den Mittelgebirgen und Alpen vor.*

Die Tee-Hybride 'Grande Amore®' ist eine Meisterleistung der Rosenzüchtung. Sie vereint elegante Blüte und Duft mit einer für diese Rosenklasse überdurchschnittlichen Gesundheit.

Aphrodite, die griechische Göttin der Liebe –
Ist es nicht faszinierend, dass die Symbolik der Liebe
in einem Strauß roter Rosen, den ein Mädchen heu-
te von ihrem Liebsten bekommt, ihren Ursprung in
der Sage von Aphrodite, der griechischen Göttin der
Liebe hat ...?

150 JAHRE ROSENZÜCHTUNG

Die Ursprünge der Rosenzüchtung, wie wir sie heute kennen, muss man etwa Mitte des 19. Jahrhunderts in Frankreich suchen. Nicht zuletzt mit ausgelöst durch die Veröffentlichung der Mendel'schen Gesetze, die die Menschen endlich auch die biologischen Hintergründe der geschlechtlichen Vermehrung bei Pflanzen verstehen ließen. So machten die frühen Rosenzüchter schnell Fortschritte und erreichten Eigenschaften, die uns bei den heutigen Kulturrosen schon fast selbstverständlich erscheinen, wie das Öfterblühen, die Blütenfarben Gelb und Orange oder die elegante Blütenform der Edelrosen.

Spaziert man durch die führenden Rosengärten Europas, so trifft man dort auf Tausende von Rosensorten und in Lexika sind sogar einige Zehntausend aufgelistet. Und doch haben Rosenzüchter bis in die heutige Zeit unermüdlich neue Sorten geschaffen und werden ihre Bemühungen ganz sicher auch in den kommenden Jahren fortsetzen, obwohl das Züchten von Rosen doch ein so mühsames Geschäft ist, das unendlich viel Geduld erfordert.

Im modernen Rosensortiment der Gegenwart finden wir Wuchsformen für alle Verwendungszwecke: Edelrosen zum Schnitt für die Vase, Beetrosen für den formalen Garten, Kleinstrauchrosen für flächige Pflanzungen, Strauchrosen für den Einzelstand, Kletterrosen zum Begrünen von Wänden und Zwergrosen für die kleinen Ecken im Garten. Nahezu alle Farben finden sich in Rosenblüten – nur ein echtes Blau hat Mutter Natur für die Rose nicht vorgesehen.

Und auch für die Sinne ist gesorgt, denn unter den modernen Rosen finden sich mehr duftende, als gemeinhin behauptet wird.

Bedroht werden die Schönen des Gartens aber von Pilzkrankheiten, wie Sternrußtau und Mehltau. Und genau hier liegt die Herausforderung, der sich die Rosenzüchter in der Zukunft zu stellen haben, nämlich der Entwicklung neuer, blattgesunder Sorten, die auch ohne Hilfe von chemischen Pflanzenschutzmitteln im Garten wachsen und gedeihen.

Die Rose ist und bleibt unumstritten die „Königin unter den Blumen" und darin scheinbar immun gegen alle Modeerscheinungen. Sie wird geliebt in ihrer Vielfalt von Jung und Alt und ist dabei von zeitloser Schönheit.

Rosenzüchter bestäuben Blüten gezielt mit dem
Pollen einer anderen Rose und lassen auf diesem
Wege neue Sorten entstehen.

Vermehrung

Eine Wildrose in der freien Natur vermehrt sich über Samen aus ihren Früchten, den Hagebutten, die meist von Vögeln verbreitet werden. Für eine gezüchtete Rose, die man sortenecht vermehren möchte, ist diese natürliche Methode ungeeignet. Bei jeder Bestäubung, sei es durch eine Biene oder von Menschenhand, wird das Erbgut der Saatpflanze (= Mutter) und des Pollenspenders (= Vater) neu gemischt. Deshalb kann ein Sämling nie genauso wie seine Mutter aussehen, sondern stellt immer eine Mischung der Eigenschaften seiner Eltern dar und ist damit quasi eine neue Sorte.

Bleibt also die so genannte vegetative Vermehrung, um die Sortenechtheit zu gewährleisten.

STECKLINGSVERMEHRUNG

Die für den Freizeitgärtner am besten geeignete Methode ist die Vermehrung über Stecklinge. Sie erweist sich bei vielen Rosengruppen, wie Beet-, Kleinstrauch- oder Kletterrosen, als problemlos, lediglich die meisten der Edelrosen bewurzeln nur widerwillig oder zeigen anschließend ein schwaches Wachstum.

Stecklinge schneidet man am besten im Juni und wählt dafür Stücke eines Triebes der Mutterpflanze aus, dessen Knospe schon Farbe zeigt, die aber noch nicht voll aufgeblüht ist. Ein solcher Trieb ist noch nicht zu sehr verholzt und doch schon genügend ausgereift, um neue Wurzeln zu bilden. Ungeeignet ist die weiche Triebspitze mit den 3er-Fiederblättchen.

STECKLINGSVERMEHRUNG SCHRITT FÜR SCHRITT

1. Schneiden Sie einen Trieb der Mutterpflanze in 5 bis 10 cm lange Stecklinge und entfernen Sie die unteren Blätter an den Stecklingen.
2. Ein Topf wird mit Pflanzerde gefüllt, in die der Steckling etwa 3 cm tief eingesenkt wird. Nach dem Angießen entsteht durch Abdecken mit einer durchsichtigen Plastikfolie hohe Luftfeuchtigkeit.
3. In den folgenden Wochen bildet der Steckling Wurzeln und treibt aus. Die Jungpflanzen müssen vor zu starker Sonne und Frost geschützt bleiben, bevor sie im Frühjahr ausgepflanzt werden können.

VEREDELUNG VON ROSEN

In der gewerblichen Anzucht von Rosen kommt in den meisten Fällen noch immer die Vermehrung durch Veredlung auf eine so genannte Unterlage zum Einsatz. Die am häufigsten genutzte Methode nennt man Okulieren (lat. *oculus* = das Auge), weil hierbei eine Knospe (ein Auge) der Edelsorte auf den Wurzelhals der Unterlage veredelt wird. Als Unterlage dienen Sämlinge von Wildrosen, wie zum Beispiel der Hundsrose (*Rosa canina*), die deshalb von Rosengärtnern auch als „Wildlinge" bezeichnet werden.

Das Veredeln hat den Vorteil, dass so auch Sorten vermehrt werden können, die nur schwer eigene Wurzeln bilden. Außerdem erhält man eine sehr gleichmäßige Pflanzenqualität mit zuverlässiger Frosthärte, unabhängig von den eigentlichen Sorteneigenschaften. Die meisten Rosensorten zeigen, veredelt auf eine Unterlage, ein stärkeres Wachstum, es gibt aber auch Beispiele für das Gegenteil.

Für den ungeübten Hobbygärtner ist die Methode der Okulation nur bedingt zu empfehlen, da hierzu eine fundierte Ausbildung und sehr viel Fingerspitzengefühl nötig ist.

Die im Frühjahr aufgeschulten Wildlinge können je nach Region von Mitte Juni bis Ende August okuliert werden. Hierzu wird der Wurzelhals der etwa fingerdicken Unterlagen freigelegt und ihre Rinde mit einem so genannten T-Schnitt geöffnet. In diesen wird vorsichtig eine Blattachselknospe der Edelsorte eingeführt. Früher wurde die Veredlungsstelle mit Bast verbunden, heute mit Schnellverschlüssen aus Gummi – wichtig ist, dass weder Schmutz noch Wasser in die Wunde gelangen können und das eingesetzte Auge mit der Unterlage zusammenwachsen kann.

Über den Winter werden die noch „schlafenden Augen" durch Anhäufeln mit Erde vor Frost geschützt. Später im Frühjahr wird knapp über der Veredlungsstelle der Busch des Wildlings „abgeworfen", wie der Gärtner sagt. Der Wildrose bleibt nun als einzige Möglichkeit auszutreiben, das angewachsene Auge der Edelsorte – eine neue Lebensgemeinschaft ist entstanden, mit der Edelsorte auf einer fremden Wurzel.

Am frei gelegten Wurzelhals der Unterlage wird mit einem speziellen Okulationsmesser der T-Schnitt ausgeführt.

Unter die aufgeklappte Rinde der Unterlage wird vorsichtig das zuvor ausgeschnittene Auge der Edelsorte geschoben.

Die Lasche am eingesetzten Auge wurde entfernt. Es passt genau in den T-Schnitt an der Unterlage.

Zum Schutz vor Schmutz und Feuchtigkeit wird die Veredlungsstelle mit einem Okulationsgummi verschlossen.

Einkauf und Qualität

Gleich vorweg eine Binsenweisheit, die aber leider immer mehr in Vergessenheit gerät: Die beste Pflanzzeit für Rosen ist der Herbst! Und das gilt ganz besonders für die klassische Angebotsform der Rosen, die so genannte „wurzelnackte" Ware.

WURZELNACKTE ROSEN

Wurzelnackte Rosen sind Pflanzen, die einen Sommer lang auf den Feldern der großen Rosenproduzenten gewachsen sind, dann im Herbst ausgepflügt und über den Winter bis ins Frühjahr in Kühlhäusern gelagert werden. Sie stehen den Kunden von Anfang Oktober bis zum folgenden April zur Verfügung und werden von einigen Anbietern auch zugeschickt. Ist der Boden frei von Frost, kann während dieser Periode zwar ständig gepflanzt werden, eine Herbstpflanzung ist aber immer von Vorteil, da die Pflanzen im noch warmen Boden neue Wurzeln bilden können und somit im folgenden Frühjahr einen viel besseren Start in die neue Saison haben. Auch bis etwa Ende April ist die Pflanzung wurzelnackter Rosen möglich, man wird aber nie das Wachstum und die Blütenfülle einer im Herbst gepflanzten Rose erreichen.

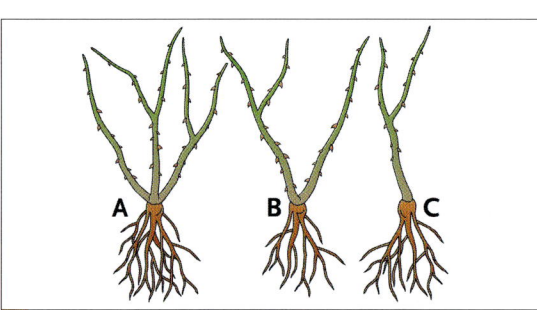

Rosen der Güteklasse A müssen abgesehen von einem gut verzweigten Wurzelwerk drei kräftige Triebe aufweisen, mindestens zwei dieser Triebe müssen der Veredelungsstelle entspringen. Rosen der Güteklasse B haben zwei kräftige Triebe und Pflanzen der Güteklasse C gelangen nicht in den Handel.

Die wurzelnackten Rosen sind für den Rosenproduzenten und somit auch für seine Kunden die bei weitem kostengünstigste Angebotsform. Für eingetopfte Rosen muss man später nicht selten den doppelten Preis zahlen.

Nach der Ernte vom Feld werden die Rosen beim Produzenten nach strengen Qualitätskriterien sortiert. Im Handel sind gut verzweigte A-Qualität und weniger verzweigte B-Qualität erhältlich, wobei die Pflanzen aber immer ein kräftig ausgebildetes Wurzelwerk aufweisen sollten. Minderwertige C-Qualität wird von seriösen Anbietern nicht in den Handel gegeben.

Ein Rosen-Produktionsfeld in voller Blüte

Genauso wie das Wissen um den Herbst als beste Pflanzzeit verloren geht, so ist vielen unerfahrenen Gartenfreunden nicht bekannt, dass die Rosensaison immer im Herbst mit dem Angebot der frisch gerodeten Pflanzen beginnt und nicht etwa im Frühjahr. So erscheinen die Kataloge der führenden Rosenzüchter auch immer in den Sommermonaten und gelten dann für das ganze folgende Jahr. Wer nämlich erst im März oder April mit der Gartenplanung beginnt, der wundert sich häufig, dass viele gute Sorten bereits vergriffen sind. Das gilt besonders für Neuheiten, die im ersten Jahr noch nicht in großen Stückzahlen vermehrt werden. Hier gilt: „Der frühe Vogel fängt den Wurm!"

1. Beutelverpackte Rose für den Sebstbedienungsverkauf
2. Rosen im Pflanztopf: die Wurzeln sind durch einen Erdballen geschützt
3. Containerrose, die mobilste und teuerste Angebotsform

WEITERE ANGEBOTSFORMEN

Viele Anbieter, wie Gartencenter oder Baumärkte, sind heute nicht mehr auf den Verkauf wurzelnackter Rosen eingerichtet, sondern bieten häufig so genannte „beutelverpackte" Rosen als Selbstbedienungsartikel an. Hierbei wurden die Triebe zum Schutz vor Austrocknung meist in Wachs getaucht und Erde um die Wurzeln gepresst. Trotzdem ist Vorsicht geboten, wenn die Triebe schrumpelig aussehen oder schon sehr weit ausgetrieben sind. Als hochwertigeres Produkt findet man zum zeitigen Frühjahr im gut sortierten Fachhandel häufig so genannte Pflanztöpfe. Das sind frisch getopfte Rosen in handlichen Töpfen von etwa 2 Liter Inhalt. Bei einigen Anbietern befindet sich im Plastiktopf noch ein Einsatz aus verrottbarem Material, der mit der Rose gepflanzt werden kann. Auf diese Weise wird das junge, noch empfindliche Wurzelwerk geschont. Eine weitere Angebotsform, die in den vergangenen Jahren immer populärer geworden ist, ist die Containerrose. Container heißt in diesem Fall, dass die Rosen in Töpfe verschiedener Größe eingetopft sind. Solche Container haben meist einen Inhalt zwischen 4 und 10 Liter. Es gibt aber auch viel größere, zum Beispiel 40 Liter, mit großen mehrjährigen Pflanzen, die dann natürlich ihren Preis haben. Vorteil der Container ist, dass die Rose in ihnen blüht und man so sehen und riechen kann, was man kauft. Außerdem können Containerrosen den ganzen Sommer hindurch gepflanzt werden oder auch, vorausgesetzt der Topf ist groß genug, auf Balkon oder Terrasse stehen bleiben. Beim Auspflanzen im Sommer, sollte immer auf eine ausreichende Bewässerung geachtet werden, da die Wurzeln eine Weile brauchen, um mit dem Boden zu verwachsen.

ADR-PRÜFUNG

Genauso wichtig wie ihre äußere Qualität sind die inneren Eigenschaften der Pflanzen, wobei besonders auf die Widerstandsfähigkeit gegenüber Pilzkrankheiten, wie Sternrußtau und Mehltau, geachtet werden sollte. Da man einer Rose ihre Gesundheit nicht gleich ansehen kann, glaubt man entweder den Angaben der Rosenanbieter in den Katalogen oder aber einer unabhängigen Institution. Eine solche ist die ADR (**A**llgemeine **D**eutsche **R**osenneuheitenprüfung). Völlig zu Recht gilt sie als die härteste aller Rosenprüfungen – nirgendwo wird so konsequent ohne Einsatz chemischer Pflanzenschutzmittel getestet. Auf elf Standorten in ganz Deutschland werden die von den Züchtern eingesandten Rosen über einen Zeitraum von drei Jahren von unabhängigen Juroren begutachtet. Nur Rosen, die in Gesundheit und Blüheigenschaften überzeugt haben, bekommen das ADR-Prädikat. Dieses wird aber nicht für die Ewigkeit verliehen, sondern wieder aberkannt, sollte die Rose in späteren Jahren nicht mehr befriedigen. Die Liste der aktuellen ADR-Sorten findet man im Internet unter www.adr-rose.de.

Standort und Boden

Oft hört man die Bemerkung „Rosen sind Sonnenkinder", wenn es um die Standortansprüche von Rosen geht. Das ist auch insofern richtig, dass Rosen immer einen vollsonnigen Platz bevorzugen. Übertreiben kann man es mit der Sonne allerdings auch, denn sowohl Hitzestau vor Wänden oder Mauern in Südlage als auch die Wärmestrahlung von Wegen bedeuten Stress für die Pflanzen und fördern den Befall mit Schädlingen, besonders mit den lästigen Spinnmilben, die Trockenheit und Wärme lieben.

Der sonnige Standort sollte also immer gut durchlüftet sein, was zusätzlich ein schnelles Abtrocknen der Blätter gewährleistet und dadurch die Ausbreitung von Pilzkrankheiten verhindert. Blühreiche Sorten mit hoher Blattgesundheit kann man auch an halbschattigen Standorten mit mindestens fünf Stunden Sonne pro Tag pflanzen, man muss dabei aber immer einen etwas lockeren Wuchs und verminderte Blühleistung in Kauf nehmen. Plätze im Schatten und solche unter der Traufe großer Bäume sollte man ganz vermeiden. Besonders mit anderen Gehölzen konkurrieren die Rosen auch um Wasser und Nährstoffe. Halten Sie also ausreichenden Abstand zu Sträuchern und Hecken ein.

EXPERTEN-TIPP

Besonders auf leichten Böden sollten Rosen nicht dorthin gepflanzt werden, wo auch zuvor Rosen standen, da es sonst zu Kümmerwuchs kommt. Gibt es keine Ausweichflächen, ist unbedingt ein tiefgründiger Bodenaustausch von mindestens 40 bis 50 cm zu empfehlen.

BODENANSPRÜCHE

Rosen sind Tiefwurzler und erreichen nicht selten 1,5 m und mehr. Sie bevorzugen deshalb einen tiefgründigen Boden, der humos und sandig-lehmig sein sollte. Sehr leichte Böden können durch Zugabe von Kompost verbessert werden, schwere Böden durch Einarbeiten von Sand. Verdichtete Bodenschichten und daraus resultierende Staunässe führen meist zu Kümmerwuchs, weil die Wurzeln nicht effektiv arbeiten können. Solche Problemzonen müssen vor dem Pflanzen beseitigt werden.

Wichtig ist außerdem der pH-Wert des Bodens, also das Kalk-Säure-Verhältnis. Für ein optimales Gedeihen der Rosenpflanzen sollte er zwischen 6,5 und maximal 7,5 liegen. Korrekturen sind durch das Einarbeiten von Kalk beziehungsweise entsprechend saurem Dünger in den Boden möglich. Besonders unsere Kulturrosen, die den ganzen Sommer über unermüdlich blühen sollen, sind als Starkzehrer bekannt. Schwere, lehmige Böden können Nährstoffe gut speichern und langsam freigeben, bei leichten Sandböden dagegen sollte mit verstärkter Düngung nachgeholfen werden. Durch ihr tief reichendes Wurzelsystem sind die Ro-

CHECKLISTE FÜR DEN RICHTIGEN STANDORT

Guter Standort	Schlechter Standort
▸ sonnige Lage	▸ Hitzestau
▸ gute Durchlüftung	▸ Schattenlagen
▸ schnelles Abtrocknen der Blätter	▸ Traufe von Bäumen
▸ tiefgründiger Boden	▸ Bodenverdichtung und Staunässe
▸ hoher Humusgehalt	▸ geringer Humusgehalt
▸ pH-Wert zwischen 6,5 und 7,5	▸ Nährstoffmangel
▸ gleichmäßige Nährstoffversorgung	▸ Wurzelkonkurrenz anderer Pflanzen
▸ ausgeglichene Bewässerung	▸ Pflanzung von Rosen nach Rosen

sen in unseren Breiten nur selten auf zusätzliche Bewässerung angewiesen. In sehr trockenen Perioden während des Sommers hilft sie aber, höchste Blühleistung zu erreichen. Dabei sollten die Pflanzen nicht mit feuchtem Laub in die Nacht gehen – am besten also morgens gießen.

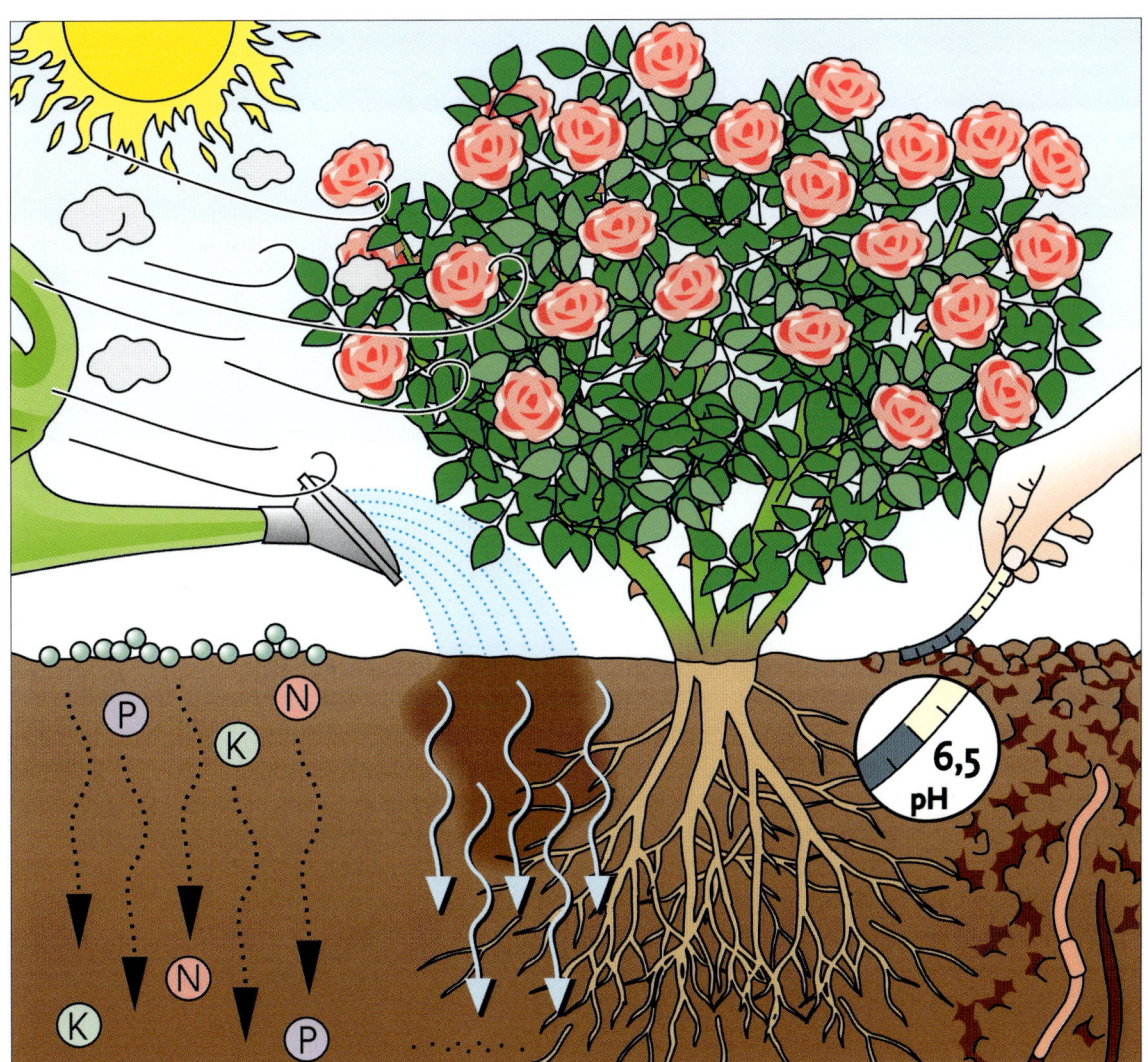

Bei der Wahl des richtigen Standorts sollten Sie darauf achten, dass dieser sich in einer sonnigen Lage befindet und eine gute Durchlüftung gewährleistet, die das schnelle Abtrocknen der Blätter ermöglicht (kein Hitzestau). Der Boden sollte einen hohen Humusgehalt vorweisen, möglichst tiefgründig und nicht verdichtet sein und sein pH-Wert (Säuregehalt) sollte zwischen 6,5 und maximal 7,5 liegen. Wurzelkonkurrenz zu anderen Pflanzen sollte ebenso vermieden werden, wie eine Pflanzung von Rosen an Stellen, an denen bereits vorher Rosen standen. Sorgen Sie darüber hinaus für eine regelmäßige Düngung und gleichmäßige Bewässerung (keine Staunässe), dann steht der Rosenpracht nichts mehr im Wege.

Pflanzung

Je nachdem, für welche Angebotsform der Rosen man sich entscheidet, bieten sich ganz unterschiedliche Pflanztermine an.

Die Saison der klassischen wurzelnackten Rosen beginnt Anfang Oktober und endet Anfang Mai. Während dieser Zeit kann immer gepflanzt werden, sofern der Boden frostfrei ist. Eine zeitige Herbstpflanzung gewährleistet aber immer kräftigen Wuchs und reiche Blüte für das folgende Jahr. Je später die Pflanzung im Frühjahr erfolgt, um so sorgfältiger müssen wurzelnackte Rosen behandelt werden.

Wurzelverpackte Rosen werden zum Teil schon im Herbst, meist aber in den Frühjahrsmonaten angeboten und sollten wie wurzelnackte Rosen gehandhabt werden.

Die ab Mai erhältlichen eingetopften Rosen, Containerrosen, sollten beim Kauf gut durchwurzelt sein. Sie werden blühend angeboten und machen eine Pflanzung den ganzen Sommer hindurch möglich, da das Wurzelsystem der Rose nicht gestört wird. Sie gelten als pflegeleicht, allerdings sollten auch hierbei gewisse Regeln eingehalten werden (siehe Kasten Seite 41).

PFLANZUNG WURZELNACKTER ROSEN

Besonders im Frühjahr ist ausgiebiges Wässern der Rosen vor dem Pflanzen von großer Wichtigkeit. Nach vielen Wochen in den Kühlräumen der Baumschulen werden die Pflanzen so aus ihrer „Winterruhe" geweckt. Des Weiteren brauchen die Wurzeln nach dem Pflanzen eine Weile, bevor sie ihre Tätigkeit wieder aufnehmen. Während dieser Phase bietet das Anhäufeln den nötigen Schutz.

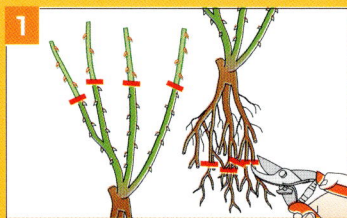

Ein Einkürzen der Triebe auf etwa 20 cm ist nötig und schadet der Pflanze nicht, sondern reduziert ihre Verdunstungsfläche. Auch die Wurzeln werden vor dem Pflanzen ein wenig zurückgeschnitten.

12-24 h

Das Wässern sollte nicht zu sparsam ausfallen. Bei Frühjahrspflanzung dürfen es gerne 24 Stunden sein, und nicht nur die Wurzeln, sondern auch die Triebe sollten im Wasser untertauchen.

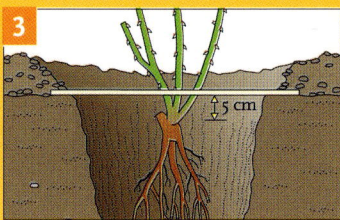

5 cm

Fachgerecht wird die Rose so gepflanzt, dass die Veredlungsstelle ca. 5 cm unter der Erdoberfläche liegt und so immer vor Ausfrieren geschützt ist. Ein Umknicken der Wurzeln sollte vermieden werden.

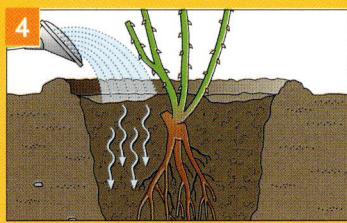

Ausgiebiges Angießen sorgt dafür, dass alle Wurzeln den nötigen Kontakt zum Boden haben. Auch in den Wochen nach dem Pflanzen brauchen die Rosen zusätzliche Bewässerung.

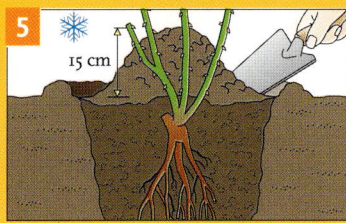

15 cm

Während das Anhäufeln im Herbst in erster Linie vor dem Frost schützt, so dient der kleine Erdhügel über der Rosenpflanze im Frühjahr auch dazu, ein Austrocknen durch die Sonne zu verhindern.

Je nach dem Zustand, in dem die Containerpflanze gekauft wurde, sollte sie ausgiebig gewässert oder sogar in einen Eimer getaucht werden, bis der Topfballen sich vollgesogen hat und keine Luftblasen mehr aufsteigen. Das Angießen nach dem Pflanzen wird dadurch aber nicht überflüssig!

Ein großzügiges Pflanzloch schafft ausreichend lockeren Boden um die Pflanze herum für ein gutes Wurzelwachstum. Auch bei Containerrosen gehört die Veredlungsstelle der Rose etwa 5 cm unter die Erdoberfläche. Das muss nicht immer die Oberfläche des Topfballens sein.

Solche eingetopften Rosen bieten die Möglichkeit, dass man sie den ganzen Sommer hindurch sogar blühend pflanzen kann.

Das macht Containerrosen zwar leicht zu handhaben, gänzlich ohne Pflege gedeihen aber auch sie nicht. Besonders in trockenen Perioden kann vor allem nach dem Pflanzen ein zusätzliches Wässern nötig sein, da die Wurzeln noch nicht tiefer in den Boden vorgedrungen sind und sich noch nicht selbst versorgen können.

Ein Schneiden von Trieben oder Wurzeln ist allerdings beim Pflanzen von Containerrosen nicht notwendig.

Das sorgfältige und fachgerechte Pflanzen der Rosen ist wichtige Voraussetzung für ein optimales Gedeihen der Pflanzen. Stimmen auch die weiteren Pflegemaßnahmen, dann können Sie schon bald eine solche Blütenpracht im Garten genießen.

Düngung

Um ihre volle Blütenpracht entfalten zu können, brauchen besonders unsere modernen, öfterblühenden Gartenrosen Unterstützung durch zusätzliche Düngung. Durch das mehrfache Blühen über die Sommermonate wird der Pflanze alles abverlangt, und sie verbraucht viel Energie. Ein Mangel an Nährstoffen wirkt sich nicht nur schnell in fehlender Blühleistung aus, auch Schädlinge und Blattkrankheiten haben mit einer geschwächten Pflanze leichtes Spiel.

Der Schlüssel zum Erfolg ist aber eine ausgewogene Düngung, denn eine übermäßige Nährstoffversorgung führt zu mastigem Wachstum und macht die Pflanzen empfindlich. Je nach Bedarf und Jahreszeit stehen verschiedene Düngertypen zur Auswahl. Grundsätzlich muss man zwischen mineralischen (künstlichen) und organischen (natürlichen) Düngern unterscheiden.

Öfterblühende Gartenrosen, wie 'Aprikola'®, benötigen zusätzliche Düngergaben, um solch eine Blütenpracht zu entwickeln.

MINERALISCHER DÜNGER

Mineralische Dünger sind besser als ihr Ruf und können vernünftig dosiert eine sinnvolle Maßnahme sein. Nur im Überfluss verabreicht, werden sie zu einer Belastung für die Umwelt. Während der Wachstumsperiode empfiehlt sich die zweimalige Gabe eines Volldüngers, der alle nötigen Nährstoffe enthält. Während des Austriebs im März und April und der Hauptblüte im Juni und Juli ist der Nährstoffbedarf der Rosen besonders hoch. Nur bei akuten Mangelsymptomen sollte ein schnell wirkender Kurzzeitdünger verwendet werden. Ansonsten machen Langzeitdünger, die ihre Nährstoffe langsam freigeben, mehr Sinn. Damit die Triebe zum Winter hin ausreifen können, sollte auf alle Fälle am Ende des Sommers kein Stickstoff mehr gedüngt werden. Stattdessen kann eine zusätzliche Gabe Patentkali im September sinnvoll sein, ist aber nicht zwingend notwendig.

EXPERTEN-TIPP

Ein Dünger ist immer nur so gut wie seine Verfügbarkeit, das heißt nur in einem feuchten Boden können die Nährstoffe zu den Wurzeln transportiert werden. Nach dem Düngen empfiehlt sich also immer auch ein mäßiges Wässern.

ORGANISCHER DÜNGER

Wer auf künstliche Dünger lieber verzichten will, dem bieten sich natürliche Nährstoffquellen, wie beispielsweise Stallmist, Kompost oder Hornspäne.

Bei solchen organischen Düngern fließen die Nährstoffe immer langsam, da sie schrittweise bei der Zersetzung durch Mikroorganismen freigesetzt werden. Im Gegensatz zu den mineralischen Düngern macht bei den organischen eine Herbstdüngung also durchaus Sinn, da die Mikroorganismen in den kalten Wintermonaten wenig aktiv sind und so die Nährstoffe nicht unnötig vergeudet werden. Wichtiger ist aber eine großzügige Gabe im Frühjahr, wenn das neue Wachstum beginnt.

Pflege

Besonders Rosen, die stark gefüllt blühen, neigen nach Regenfällen zu verklebten Blüten. Jeden Rosenfreund drängt es dann, dieses unschöne Erscheinungsbild, das man auch Mumienbildung nennt, mit der Rosenschere zu beseitigen.

Rosentypen mit nur wenigen Blütenblättern neigen nach dem Verblühen zur Bildung von Hagebutten, was aus der Sicht von Mutter Natur Sinn macht, da die Pflanze sich vermehren soll und die Früchte außerdem Nahrungsquelle für Vögel und andere Tiere sind. Der Nachteil ist aber, dass der nächste Blütenflor sehr viel länger auf sich warten lässt und deutlich schwächer ausfällt.

SOMMERSCHNITT

Wenn Sie also den Vögeln ihre vitaminreiche Kost gönnen und Freude am Schmuck der roten Hagebutten haben, dann lassen Sie die Pflanze, wie sie ist. Wollen Sie aber lieber noch mehr Blüten sehen, dann ist Zeit für den Sommerschnitt.

Hierbei wird nicht, wie beim Winterschnitt, die ganze Pflanze auf einmal geschnitten, sondern nur regelmäßig das Verblühte entfernt, so dass die Rosen niemals ganz ohne Blüte sind.

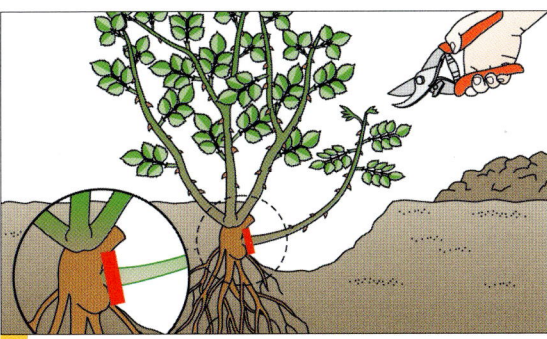

Am besten legt man den Wildtrieb ganz frei, damit man ihn möglichst dicht am Wurzelhals abschneiden kann. Denn aus jedem Stummel, der übrig bleibt, kann sich ein neuer Wildtrieb entwickeln.

WILDTRIEBE

Die meisten der im Handel erhältlichen Rosen sind durch Okulation vermehrt (siehe Seite 35) und wachsen deshalb auf einer Unterlage. Gelegentlich kann es vorkommen, dass die als Unterlage dienende Wildrose aus der Wurzel einen Trieb entwickelt. Diese so genannten „Wildtriebe" nehmen der veredelten Sorte Kraft und können schließlich die ganze Pflanze überwachsen, wenn sie nicht entfernt werden.

Bei den Edelrosen, die meist immer nur eine Blüte pro Stiel ausbilden, schneidet man etwas tiefer, bis auf das dritte voll ausgebildete Fiederblatt zurück. Hier sitzt die kräftigste Knospe, aus der sich ein neuer Blütentrieb entwickelt.

Bei Beetrosen, oft auch Floribunda-Rosen genannt, entfernt man am besten laufend die verblühten Einzelblüten, bis die ganze Dolde ausgeblüht ist. Danach wird die Schere unterhalb der Blütendolde direkt über dem ersten Laubblatt angesetzt.

Pflanzenschutz

Das beste Mittel, um mit Rosen Erfolg zu haben, ist nicht etwa die „Giftspritze", sondern die richtige Sortenwahl. Das Image der „empfindlichen Diva" hat die Rose aus einer Zeit, als die Gesundheit bei Rosenzüchtern nicht das wichtigste Ziel war und es eine reiche Auswahl an Spritzmitteln gab. Die umweltschädlichsten Chemikalien früherer Tage sind zwar heute vom Markt genommen, aber auch die meisten Züchter haben in der Zwischenzeit nicht geschlafen und sich auf die Entwicklung neuer, blattgesunder Sorten konzentriert.

Keine Rose ist völlig immun gegen Pilzkrankheiten, wie den Sternrußtau oder Echten Mehltau, viele der neueren Sorten werden aber so wenig befallen, dass man auch gut ohne die Hilfe von Pflanzenschutzmitteln zurecht kommt. Eine Hilfe bei der Auswahl besonders widerstandsfähiger Sorten kann das ADR-Prädikat (siehe Seite 37) sein. Darüber hinaus geben auch die Kataloge der meisten Rosenanbieter heute ehrlich Auskunft über die Blattgesundheit ihrer Sorten, so dass eine entsprechende Auswahl möglich ist. Ein optimaler Rosenstandort und eine ausgewogene Düngung tun ihr übriges, die Rose gesund zu halten.

Meist im Spätsommer, bei warmen Tagen und kühlen Nächten, kommt der Echte Mehltau.

BLATTLÄUSE & CO.

Gegen tierische Schädlinge hat die Züchtung allerdings noch keine Lösung gefunden. Ihr Befall ist oft sehr von der Witterung abhängig und kann im Verlauf von Jahren stark schwanken. In vielen Fällen hilft schon ein wenig Geduld, und das natürliche Gleichgewicht stellt sich von selbst wieder ein. Sollte das nicht passieren und der Schaden zu groß werden, dann hilft doch nur der Einsatz von (möglichst nützlingsschonenden) Pflanzenschutzmitteln.

Heiße und trockene Standorte sind die bevorzugten Lebensräume von Spinnmilben.

Besonders bei warmen Wetter im Frühjahr können sich Blattläuse explosionsartig vermehren.

Im Herbst die befallenen Blätter aus den Beeten zu entfernen, hilft gegen Sternrußtau.

Winterschutz

Obwohl die Winter in einigen Regionen unseres Landes immer milder zu werden scheinen, so sind doch einige Winterschutzmaßnahmen unumgänglich, um auf der sicheren Seite zu sein. Mangelnde Vorbeugung kann einige Jahre ohne Folgen bleiben und dann doch einmal sämtliche Rosen vernichten.

SCHUTZ VOR TIEFEN TEMPERATUREN

Wichtig ist es dabei, die Pflanzen vor Frost mit sehr tiefen Temperaturen zu schützen. Dazu ist es wichtig, dass die Veredelungsstelle etwa 5 cm unterhalb der Erdoberfläche liegt und die Pflanze zusätzlich angehäufelt wird. Dieser Schutz kann in einigen Gegenden schon früh, im Oktober, sinnvoll sein und sollte nicht vor April entfernt werden.

Denn in Phasen, in denen sich noch oder gerade wieder Saft in den Trieben der Pflanze befindet, ist diese besonders empfindlich.

SCHUTZ VOR WINTERSONNE

Viel gefährlicher als die tiefen Temperaturen wird den Rosen im Winter aber meist die Sonne. An klaren Wintertagen im Januar oder Februar, wenn der Boden tief gefroren ist, verdunstet aus den Trieben Feuchtigkeit, die von den Wurzeln im gefrorenen Boden nicht ersetzt werden kann. Man nennt diesen Vorgang auch Frosttrocknis, weil die Rose eigentlich vertrocknet und nicht erfriert. Abhilfe schafft ein Abdecken der Pflanzen mit Tannenreisig, um die Triebe vor der starken Sonneneinstrahlung zu schützen.

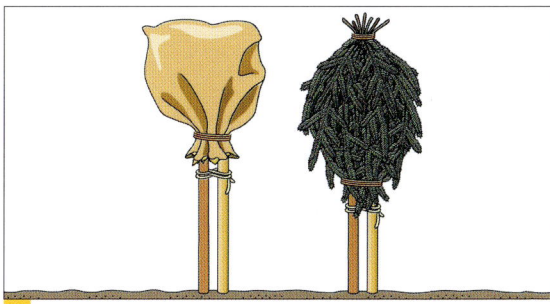

Rosen-Hochstämmchen sind im Winter besonders gefährdet und brauchen deshalb einen speziellen Schutz. Neben Tannenreisig kann auch ein Jutesack gute Dienste leisten, verwenden Sie aber nie luftundurchlässige Plastiktüten. Auch gelochte Folie ist ungeeignet.

45

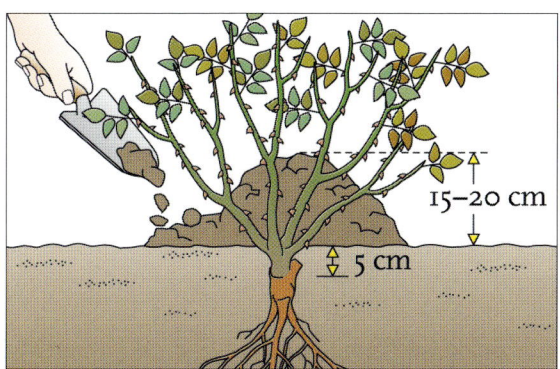

Unter Anhäufeln versteht man das Abdecken der Pflanzen mit einem 15 bis 20 cm hohen Erdhügel. Dafür kann vorhandene Gartenerde oder auch abgelagerter Kompost verwendet werden.

Das Abdecken mit Zweigen von Tannen oder Fichten soll die Rosen an klaren Wintertagen schattieren und so vor Austrocknung durch die Sonne schützen.

Der richtige Schnitt

Ein regelmäßiger Rückschnitt ist für die Rosen sehr wichtig, wenn Wert auf eine üppige Blüte gelegt wird. Die Erfahrung zeigt allerdings, dass viele Gartenfreunde mit der Rosenschere eher zaghaft umgehen – vielleicht, weil sie meinen, der Rose mit zu viel Schnitt eher zu schaden und die Blütenmenge zu verringern? Das Gegenteil ist aber der Fall, denn auch Mutter Natur hat für die Rosen einen Rückschnitt vorgesehen. In freier Natur sind die Rosen nämlich oft Waldrandgehölze und werden dort im Winter gerne vom Rehwild zurückgebissen. Die Pflanzen werden dadurch verjüngt und treiben im Frühjahr wieder kräftig neu aus.

Der Schnitt sollte immer mit einer scharfen Rosenschere etwa 0,5 cm oberhalb einer Blattknospe ausgeführt werden. Schneidet man dichter am Auge, so kann dieses verletzt werden. Ein stumpfes Schnittwerkzeug verursacht grobe Wunden, die dann Eintrittsstellen für Schaderreger sein können.

DER BESTE ZEITPUNKT

Ein Herbstschnitt ist bei Rosen nicht ratsam, denn er würde die Gefahr von Frostschäden unnötig erhöhen. Wer Ordnung im Garten möchte, der kann Ver-blühtes oder die Fruchtstände an den Triebspitzen einkürzen – bedenken Sie aber, dass die Hagebutten auch Vögeln als Winternahrung dienen.

Der richtige Rückschnitt wird im Frühjahr vor dem Austrieb vorgenommen. Der beste Zeitpunkt dafür kann je nach Region und Witterung verschieden sein, liegt meist aber Ende März oder Anfang April, wenn die Knospen zu schwellen beginnen. Ein guter Anhaltspunkt hierfür ist die Blüte der Forsythien, die immer ein markantes Ereignis im Frühjahr darstellt.

BEET- UND EDELROSEN

Unsere modernen Gartenrosen sind in der Regel öfterblühend, das heißt sie bilden auch an einjährigen Trieben Blüten. Bei ihnen ist deshalb ein kräftiger Rückschnitt im Frühjahr erforderlich, der die Pflanzen verjüngt und einen kräftigen Neuaustrieb zur Folge hat.

STRAUCHROSEN

Öfterblühende Strauchrosen finden im Garten vielseitige Verwendung – im Einzelstand, in kleinen Gruppen oder auch als Hecken. Mit der richtigen Schnittmaßnahme kann man den Wuchs der Pflanzen ihrem je-

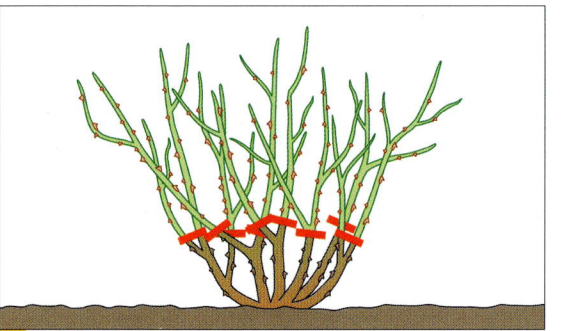

Je kräftiger der Rückschnitt bei Beet- und Edelrosen vorgenommen wird, desto wüchsiger und blühwilliger sind die jungen Triebe, die sich aus den Augen an den Schnittstellen entwickeln.

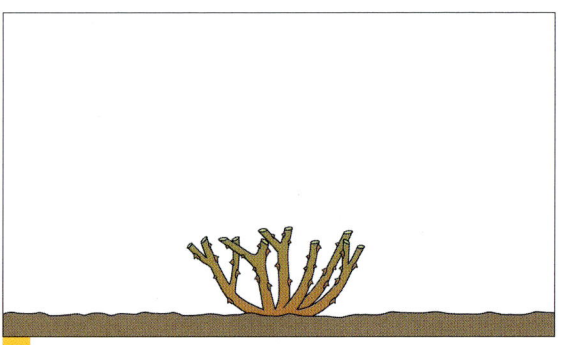

Beet- und Edelrosen werden etwa auf ein Drittel ihrer Wuchshöhe eingekürzt, also auf 20 bis 30 cm. Dabei sollte altes und abgestorbenes Holz sorgfältig entfernt werden.

weiligen Verwendungszweck gut anpassen. Ein kräftiger Rückschnitt, wie bei Beetrosen, formt die Pflanze zu einem kompakten Strauch, während ein leichter Schnitt über Jahre zu einer stattlichen Höhe führen kann.

Etwas mehr Sorgfalt bei den Schnittmaßnahmen erfordert die Pflege der einmalblühenden Strauchrosen, zu denen man auch die meisten der historischen Rosen zählen kann. Die jungen, einjährigen Triebe blühen bei diesen Sorten nicht, sondern erst die Kurztriebe, die sich im Folgejahr entwickeln. Ein kräftiger Rückschnitt würde bei diesem Typ von Rosen also die Blüte im nächsten Jahr stark reduzieren.

Ganz ungeschnitten sollten aber auch diese Rosen nicht bleiben, da sie sonst im Laufe der Jahre überaltern und dabei blühfaul würden. So sollte man die Pflanzen regelmäßig auslichten und dabei totes und krankes Holz entfernen. Nimmt man alle paar Jahre alte, vergreiste Triebe heraus, so hilft man der Pflanze, sich selbst zu verjüngen und dabei wüchsig zu bleiben.

KLETTERROSEN

Wie bei den Strauchrosen, so muss man auch bei den Kletterrosen zwischen einmal- und öfterblühenden Sorten unterscheiden.

Viele der starktriebigen, großblumigen Climber sind

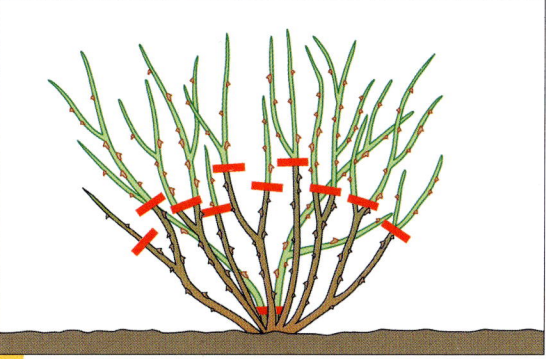

Die öfterblühenden Strauchrosen, die genau wie Beet- und Edelrosen am einjährigen Holz blühen, werden ebenfalls im Frühjahr auf etwa die Hälfte ihrer vorherigen Wuchshöhe zurückgeschnitten. Wichtig ist beim Schnitt, dass dünnes und abgestorbenes Holz, aber auch sehr alte, vergreiste Triebe direkt über dem Boden entfernt werden – die Pflanze verjüngt sich so selbstständig.

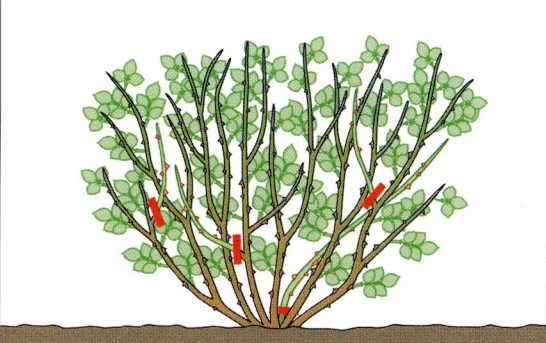

Einmalblühende Strauchrosen werden im Gegensatz zu den öfterblühenden Sorten gleich nach der Blüte ausgelichtet, da ein kräftiger Rückschnitt im Winter die Blühleistung im folgenden Sommer stark reduzieren würde.

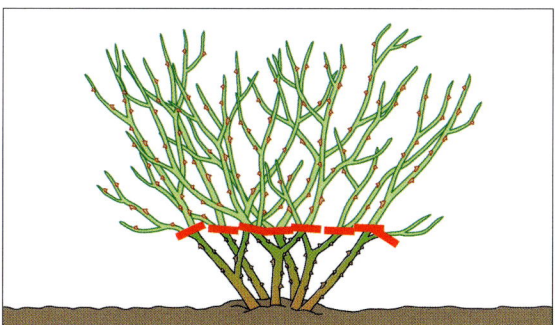

Kleinstrauchrosen in flächiger Pflanzung müssen nicht in jedem Jahr zurückgeschnitten werden. Zudem sind die meisten Sorten so robust, dass eine Heckenschere zum Einsatz kommen kann.

öfterblühend, während die meisten der dünntriebigen in reichen Dolden blühenden Rambler nur einmal pro Jahr in Blüte kommen.

Ausnahmen gibt es allerdings in beiden Kletterrosengruppen.

Ihr räumlicher Charakter macht die Kletterrosen zu einem unverzichtbaren Element in der Gestaltung eines jeden Gartens.

Öfterblühende Kletterrosen können relativ hart geschnitten werden – dabei lässt man Langtriebe stehen und kürzt die Seitentriebe ein. Als Grundregel gilt dabei, dass immer junges Holz Vorrang vor dem alten hat, da so die Pflanze wüchsig gehalten wird.

Einmalblühende Kletterrosen sind ein Sonderfall. Bei ihnen liegt der optima-

EXPERTEN-TIPP

Viele der modernen Strauchrosen eignen sich in geschützten Lagen durchaus auch als Kletterrosen. Der Schnitt sollte dann einem solchen Verwendungszweck entsprechend zurückhaltend vorgenommen werden.

le Schnittzeitpunkt im Sommer unmittelbar nach der Blüte. So kann sich noch neues Blütenholz für das Folgejahr entwickeln.

Bei frei stehenden Kletterrosen treten leider häufig Frostschäden auf. Triebe mit solchen Verletzungen sollten entfernt werden, da sie später kümmern und nur schwache Blüte zeigen.

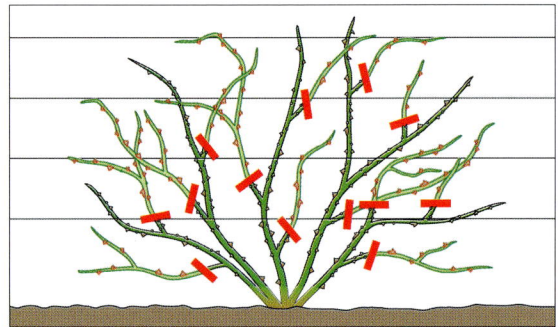

Ein moderater Rückschnitt im Frühjahr sorgt bei öfterblühenden Kletterrosen für einen reichen Blütenflor im folgenden Sommer. Junge, kräftige Triebe haben dabei immer Vorrang.

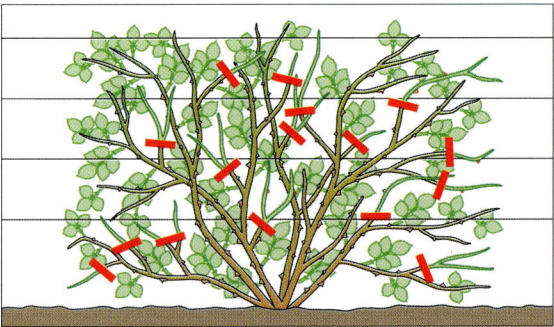

Ein kräftiger Rückschnitt im Winter würde bei einmalblühenden Kletterrosen die Blüten des folgenden Jahres kosten. Sie werden deshalb im Sommer nach der Blüte vorsichtig ausgelichtet.

Porträts

Erklärung:

○: sonniger Standort

○–◐: sonniger bis halbschattiger Standort
(mindestens 5 Stunden Sonne pro Tag)

Beetrosen

Beetrosen sind die klassische Bepflanzung für das Blumenbeet. Unter dem Sammelbegriff „Beetrosen" werden verschiedene Sortengruppen zusammengefasst, wie die Polyantha- oder die moderneren Floribunda-Rosen, denen die meisten der aktuellen Sorten zugeordnet werden können.

Zwar finden sich unter den Beetrosen nur wenige Sorten mit Duft, dafür sind sie in der Regel sehr frosthart und besonders neuere Sorten zeichnen sich durch eine hohe Widerstandsfähigkeit gegenüber Krankheiten aus. Die meisten Beetrosen bleiben eher niedrig (bis etwa 70 cm) und wachsen dabei kompakt, buschig aufrecht. Ihre Blüten erscheinen immer in reichen Dolden, wobei die Anzahl der Blütenblätter ganz verschieden sein kann – von der offenen Schale bis zu nostalgisch anmutenden Rosetten-Blüten.

Die Fernwirkung von Beetrosen kommt am besten zur Geltung, wenn man sie in kleinen Gruppen oder beetweise pflanzt.

Aprikola® ○–◐

Wuchs: 0,7 bis 0,8 m hoch, breit buschig. **Blütezeit:** VII–X. **Laub:** glänzend mittelgrün. **Züchter:** W. Kordes' Söhne, 2000 eingeführt. **ADR-Rose:** 2001. **Tipp:** sehr reich blühend, auch schön im Kübel.

Bernstein-Rose® ○

Wuchs: bis 0,6 m hoch, kompakt buschig. **Blütezeit:** VI–IX. **Laub:** sattgrün. **Züchter:** Rosen Tantau, 1987 eingeführt. **Tipp:** verträgt weder Hitze noch starken Rückschnitt, leichter Duft.

Bonica® 82 ○–◐

Wuchs: bis 0,8 m hoch, aufrecht buschig. **Blütezeit:** VI–IX. **Laub:** glänzend mittelgrün, ledrig. **Züchter:** Meilland, 1982 eingeführt. **ADR-Rose:** 1982. **Tipp:** reich blühend, verträgt Hitze.

Botticelli® ○

Wuchs: 0,6 bis 0,7 m hoch, buschig kompakt. **Blütezeit:** VI–IX, öfterblühend. **Laub:** glänzend dunkelgrün. **Züchter:** Meilland, 2004 eingeführt. **Tipp:** blühwillig, auch für Kübel geeignet.

Brautzauber® ○

Wuchs: bis 0,8 m hoch, buschig. **Blütezeit:** VI–IX. **Laub:** mittel- bis dunkelgrün, glänzend. **Züchter:** Noack, 1999 eingeführt. **ADR-Rose:** 1999. **Tipp:** Dauerblüher, verträgt Hitze.

Crescendo® ○

Wuchs: 0,6 bis 0,7 m hoch, breit buschig, stark wachsend. **Blütezeit:** VI–IX. **Laub:** dunkelgrün, glänzend. **Züchter:** Noack, 2003 eingeführt. **ADR-Rose:** 2005. **Tipp:** auch schön im Kübel, verträgt Hitze.

Fellowship® ○

Wuchs: bis 0,6 m hoch, aufrecht buschig. **Blütezeit:** VI–IX. **Laub:** glänzend dunkelgrün. **Züchter:** Harkness, 1992 eingeführt. **Tipp:** verträgt Hitze, sehr reich blühend, viele internationale Auszeichnungen.

Beetrosen

Friesia® ○

Wuchs: bis 0,6 m hoch, aufrecht buschig. **Blütezeit:** VI–IX. **Laub:** glänzend, ledrig. **Züchter:** W. Kordes' Söhne, 1973 eingeführt. **Tipp:** verträgt Hitze, starker Duft.

Gebrüder Grimm® ○-◑

Wuchs: 0,7 bis 0,9 m hoch, aufrecht. **Blütezeit:** VI–IX. **Laub:** glänzend mittel- bis dunkelgrün. **Züchter:** W. Kordes' Söhne, 2002 eingeführt. **ADR-Rose:** 2002. **Tipp:** verträgt Hitze, nostalgische Blütenform.

Isarperle® ○

Wuchs: 0,7 bis 0,8 m hoch, buschig aufrecht. **Blütezeit:** VI–IX. **Laub:** glänzend dunkelgrün. **Züchter:** Noack, 2004 eingeführt. **ADR-Rose:** 2004. **Tipp:** reich blühend, attraktiver Farbton.

KOSMOS® ○-◑

Wuchs: bis 0,7 m hoch, breit buschig, bogig überhängend. **Blütezeit:** VI–IX, öfterblühend. **Laub:** leicht glänzend, dunkelgrün. **Züchter:** Kordes, 2006 eingeführt. **ADR-Rose:** 2007. **Tipp:** auch für Kübel.

Leonardo da Vinci® ○

Wuchs: 0,6 bis 1,0 m hoch, aufrecht buschig. **Blütezeit:** VI–IX. **Laub:** glänzend mittel- bis dunkelgrün, ledrig. **Züchter:** Meilland, 1993 eingeführt. **Tipp:** für Vasenschnitt, verträgt Hitze, nostalgische Blütenform.

Lions-Rose® ○

Wuchs: 0,6 bis 0,8 m hoch, aufrecht buschig. **Blütezeit:** VI–IX. **Laub:** leicht glänzend, grün. **Züchter:** W. Kordes' Söhne, 2002 eingeführt. **ADR-Rose:** 2002. **Tipp:** verträgt Hitze, im Aufblühen aprikot.

Mariatheresia® ○

Wuchs: 0,7 bis 0,9 m hoch, stark buschig, bogig überhängend. **Blütezeit:** VI–IX. **Laub:** glänzend dunkelgrün. **Züchter:** Rosen Tantau, 2003 eingeführt. **Tipp:** verträgt Hitze, romantische Blütenform und -farbe.

Pastella® ○

Wuchs: bis 0,6 m hoch, buschig, einzelne Triebe aufstrebend. **Blütezeit:** VI–X. **Laub:** hellgrün, leicht glänzend. **Züchter:** Rosen Tantau, 2004 eingeführt. **ADR-Rose:** 2007. **Tipp:** verträgt Hitze.

Beetrosen

Pomponella® ○–◐

Wuchs: 0,7 bis 0,8 m hoch, buschig aufrecht. **Blüte-zeit:** VI–IX, öfterblühend. **Laub:** glänzend, dunkel-grün. **Züchter:** Kordes, 2005 eingeführt. **ADR-Rose:** 2006. **Tipp:** auch für Halbschatten, regenfest.

Red Leonardo da Vinci® ○

Wuchs: 0,5 bis 0,7 m hoch, aufrecht. **Blütezeit:** VI–X. **Laub:** glänzend dunkelgrün. **Züchter:** Meilland, 2003 eingeführt. **ADR-Rose:** 2005. **Tipp:** verträgt Hitze, reich blühend, leichter Duft.

Resonanz® ○

Wuchs: 0,8 bis 0,9 m hoch, breit buschig. **Blütezeit:** VI–X, öfterblühend. **Laub:** glänzend, dunkelgrün. **Züchter:** Noack, 2005 eingeführt. **ADR-Rose:** 2004. **Tipp:** reiche Blüte, viele Hagebutten, leichter Duft.

Rotilia – Kordes' Rose Rotilia® ○–◐

Wuchs: bis 0,7 m hoch, buschig, kompakt. **Blütezeit:** VI–X. **Laub:** glänzend, dunkelgrün. **Züchter:** W. Kor-des' Söhne, 2000 eingeführt. **ADR-Rose:** 2002. **Tipp:** verträgt Hitze, viele internationale Auszeichnungen.

Rotkäppchen® ○–◐

Wuchs: bis 0,7 m hoch, aufrecht buschig. **Blütezeit:** VI–IX, öfterblühend. **Laub:** glänzend, dunkelgrün. **Züchter:** Kordes, 2007 eingeführt. **Tipp:** nostalgische Blüten, auch für Halbschatten und Kübel, regenfest.

Sangerhäuser Jubiläumsrose® ○

Wuchs: bis 0,7 m hoch, aufrecht buschig, mittelstark wachsend. **Blütezeit:** VI–IX. **Laub:** dunkelgrün. **Züchter:** W. Kordes' Söhne, 2003 eingeführt. **Tipp:** verträgt Hitze, leichter Duft, nostalgische Blütenform.

Tequila® 2003 ○

Wuchs: 0,5 bis 0,7 m hoch, aufrecht buschig. **Blütezeit:** VI–X. **Laub:** glänzend mittelgrün. **Züchter:** Meilland, 2003 eingeführt. **Tipp:** verträgt Hitze, regenfest, gute Fernwirkung.

Westzeit® ○

Wuchs: 0,6 bis 0,7 m hoch, aufrecht buschig. **Blütezeit:** VI–X, öfterblühend. **Laub:** glänzend, dunkelgrün, rötlicher Austrieb. **Züchter:** Noack, 2004 eingeführt. **ADR-Rose:** 2007. **Tipp:** gute Fernwirkung.

Edelrosen

Edelrosen, häufig auch als „Tee-Hybriden" bezeichnet, sind die populärste unter den verschiedenen Rosengruppen – vielleicht, weil sie unserem „Idealbild" der Rose am nächsten kommen. Ganz sicher bringen diese Rosen die größten und elegantesten Blüten hervor, die es in allen erdenklichen Farben gibt, oft begleitet von den unterschiedlichsten Duftnoten. Die meist stark gefüllten Blüten sitzen auf langen Stielen und erscheinen oft einzeln, nicht selten aber auch in Dolden. Einige Sorten eignen sich zum Schnitt und halten lange in der Vase.

Sie wachsen meist straff aufrecht und erreichen je nach Sorte und Standort eine Höhe von 0,70 bis 1,20 m. Im Einzelstand wirken sie nicht und sollten daher immer beetweise oder in kleinen Gruppen gepflanzt werden. Leider sind die meisten Edelrosen nicht so robust wie ein Großteil der Beetrosen. Sie verlangen nach einem optimalen Standort und sorgfältiger Pflege, um ihre volle Schönheit zu entfalten.

Aachener Dom® ○

Wuchs: bis 0,8 m hoch, aufrecht buschig. **Blütezeit:** VI–IX. **Laub:** glänzend mittel- bis dunkelgrün, ledrig. **Züchter:** Meilland, 1982 eingeführt. **Tipp:** bei Hitze aufhellend, Schnittrose.

Acapella® ○

Ambiente® ○

Wuchs: 0,8 m bis 1,1 m hoch, aufrecht. **Blütezeit:** VI–IX. **Laub:** mittel- bis dunkelgrün. **Züchter:** Rosen Tantau, 1994 eingeführt. **Tipp:** mittlere Regen- und Hitzeverträglichkeit, starker Duft, Schnittrose.

Wuchs: 0,7 bis 0,8 m hoch, buschig. **Blütezeit:** VI–IX. **Laub:** mittel- bis dunkelgrün. **Züchter:** Noack, 2001 eingeführt. **Tipp:** verträgt Hitze, reich blühend, Schnittrose.

Apéritif® ○

Wuchs: bis 0,9 m hoch, aufrecht, kräftig. **Blütezeit:** VI–IX. **Laub:** leicht glänzend dunkelgrün. **Züchter:** Mc Gredy, 1998 eingeführt. **Tipp:** verträgt Hitze, Schnittrose, leichter Duft.

Augusta Luise® ○

Wuchs: 0,7 bis 1,0 m hoch, aufrecht. **Blütezeit:** VI–IX. **Laub:** dunkelgrün. **Züchter:** Rosen Tantau, 1999 eingeführt. **Tipp:** Schnittrose, verträgt Hitze, starker Duft, nostalgische Blütenform.

Barkarole® ○

Wuchs: 0,8 bis 1,0 m hoch, aufrecht buschig. **Blütezeit:** VI–IX. **Laub:** dunkelrot austreibend, dann glänzend dunkelgrün. **Züchter:** Rosen Tantau, 1988 eingeführt. **Tipp:** Schnittrose, verträgt Hitze, leichter Duft.

Berolina® ○

Wuchs: bis 1,3 m hoch, aufrecht, kräftig. **Blütezeit:** VI–IX. **Laub:** dunkelgrün. **Züchter:** W. Kordes' Söhne, 1986 eingeführt. **ADR-Rose:** 1986. **Tipp:** verträgt Hitze, Schnittrose, starker Duft.

Edelrosen

Beverly® ○

Broceliande® ○

Wuchs: 0,7 bis 0,8 m hoch, aufrecht buschig. **Blütezeit:** VI–IX, öfterblühend. **Laub:** glänzend, dunkelgrün. **Züchter:** Kordes, 2007 eingeführt. **Tipp:** Vasenschnitt, intensiver Zitrus-Duft.

Wuchs: 0,8 bis 1,2 m hoch, aufrecht buschig. **Blütezeit:** VI–IX, öfterblühend. **Laub:** glänzend, dunkelgrün. **Züchter:** NIRP International, 2005 eingeführt. **Tipp:** regenfest, auch für Kübel, starker Duft.

Candlelight® ○

Chippendale® ○–◑

Wuchs: 0,8 bis 1,0 m hoch, aufrecht. **Blütezeit:** VI–IX. **Laub:** glänzend dunkelgrün. **Züchter:** Rosen Tantau, 2001 eingeführt. **Tipp:** Schnittrose, verträgt Hitze, starker Duft.

Wuchs: 0,8 bis 1,2 m hoch, kompakt buschig bis aufrecht. **Blütezeit:** VI–XI, öfterblühend. **Laub:** glänzend, dunkelgrün. **Züchter:** Tantau, 2005 eingeführt. **Tipp:** auch für Halbschatten und Kübel, starker Duft.

Christoph Columbus® ○

Wuchs: 0,8 bis 1,0 m hoch, stark aufrecht, buschig. **Blütezeit:** VI–IX. **Laub:** glänzend mittel- bis dunkelgrün, ledrig. **Züchter:** Meilland, 1992 eingeführt. **Tipp:** verträgt Hitze, Schnittrose, leichter Duft.

Duftfestival® ○

Wuchs: 0,8 bis 1,0 m hoch, kräftig, buschig. **Blütezeit:** VI–X. **Laub:** dunkelgrün. **Züchter:** Meilland, 2000 eingeführt. **Tipp:** Schnittrose, verträgt Hitze, starker Duft nach alten Rosen.

Duftzauber 84® ○

Wuchs: bis 0,9 m hoch, aufrecht, dicke Triebe. **Blütezeit:** VI–IX. **Laub:** glänzend dunkelgrün. **Züchter:** W. Kordes' Söhne, 1984 eingeführt. **Tipp:** verträgt Hitze, starker Duft, Schnittrose.

Elbflorenz® ○

Wuchs: 0,8 bis 1,0 m hoch, straff aufrecht wachsend. **Blütezeit:** VI–IX, öfterblühend. **Laub:** mittelgrün. **Züchter:** Meilland, 2006 eingeführt. **ADR-Rose:** 2007. **Tipp:** Vasenschnitt, sehr intensiver Duft.

Edelrosen

Elina® ○

Wuchs: 0,7 bis 0,9 m hoch, breit buschig. **Blütezeit:** VI–IX. **Laub:** matt dunkelgrün. **Züchter:** Dickson, 1984 eingeführt. **ADR-Rose:** 1987. **Tipp:** Schnittrose, verträgt Hitze, leichter Duft, Weltrose 2006.

Fantasia Mondiale® ○

Wuchs: 0,8 bis 1,0 m hoch, aufrecht buschig. **Blütezeit:** VI–IX, öfterblühend. **Laub:** glänzend, dunkelgrün. **Züchter:** Kordes, 2001 eingeführt. **Tipp:** regenfest, Vasenschnitt.

FOCUS® ○

Wuchs: bis 0,7 m hoch, breit buschig, stark wachsend. **Blütezeit:** VI–IX. **Laub:** glänzend dunkelgrün. **Züchter:** Noack, 1997 eingeführt. **Tipp:** Schnittrose, auch schön im Kübel, verträgt Hitze.

Frederic Mistral® ○

Wuchs: 0,7 bis 0,9 m hoch, aufrecht, schnell wachsend. **Blütezeit:** VI–X. **Laub:** mittel- bis dunkelgrün. **Züchter:** Meilland, 1993 eingeführt. **Tipp:** verträgt Hitze, starker Duft, Schnittrose.

Gloria Dei ○

Grande Amore® ○

Wuchs: 0,6 bis 0,8 m hoch, aufrecht buschig. **Blüte-zeit:** VI–IX. **Laub:** glänzend grün, ledrig. **Züchter:** Meil-land, 1945 eingeführt. **Tipp:** verträgt Hitze, Schnittrose, meist verkaufte Gartenrose aller Zeiten, leichter Duft.

Wuchs: bis 0,8 m hoch, breit buschig, gut verzweigt. **Blütezeit:** VI–IX. **Laub:** dunkelgrün, leicht glänzend. **Züchter:** W. Kordes' Söhne, 2004 eingeführt. **Tipp:** verträgt Hitze, leichter Duft, Schnittrose.

Ingrid Bergman® ○

Inspiration® ○

Wuchs: bis 0,8 m hoch, aufrecht buschig, kräftig, kompakt. **Blütezeit:** VI–IX. **Laub:** glänzend dunkel-grün, ledrig. **Züchter:** Poulsen, 1984 eingeführt. **Tipp:** verträgt Hitze, edle Blütenform, Schnittrose.

Wuchs: 0,7 bis 0,8 m hoch, buschig. **Blütezeit:** VI–IX. **Laub:** mittelgrün. **Züchter:** Noack, 2003 eingeführt. **ADR-Rose:** 2005. **Tipp:** Schnittrose, auch schön als Kübelpflanze, verträgt Hitze, edle Blütenform.

Edelrosen

Nostalgie® ○

Wuchs: 0,7 bis 0,9 m hoch, buschig. **Blütezeit:** VI–IX. **Laub:** dunkelrot austreibend, dann glänzend dunkelgrün, ledrig. **Züchter:** Rosen Tantau, 1995 eingeführt. **Tipp:** Schnittrose, verträgt Hitze, leichter Duft.

Orient Express® ○

Wuchs: bis 0,8 m hoch, stark wachsend, aufrecht, breit buschig. **Blütezeit:** VI–IX. **Laub:** dunkelgrün, stark glänzend. **Züchter:** Meilland, 2002 eingeführt. **Tipp:** leichter Duft, interessantes Farbspiel, Schnittrose.

Parole® ○

Wuchs: bis 0,9 m hoch, aufrecht, stark wachsend. **Blütezeit:** VI–IX. **Laub:** leicht glänzend grün. **Züchter:** W. Kordes' Söhne, 2001 eingeführt. **Tipp:** Schnittrose; starker Duft; edle, sehr große Blüte.

Philippe Noiret® ○

Wuchs: bis 0,8 m hoch, aufrecht, breit buschig. **Blütezeit:** VI–IX. **Laub:** glänzend dunkelgrün. **Züchter:** Meilland, 1999 eingeführt. **Tipp:** Schnittrose, verträgt Hitze.

Piano® ○-◐

Wuchs: bis 1,5 m hoch, kräftig aufrecht. **Blütezeit:** VI–X, öfterblühend. **Laub:** stark glänzend, dunkelgrün. **Züchter:** Tantau, 2007 eingeführt. **Tipp:** nostalgische Blütenform, Vasenschnitt.

Poker® ○

Wuchs: bis 0,8 m hoch, aufrecht. **Blütezeit:** VI–IX. **Laub:** glänzend dunkelgrün. **Züchter:** Meilland, 1998 eingeführt. **Tipp:** Schnittrose, verträgt Hitze, starker Duft nach Gewürztraminer und Pfirsich.

Roy Black® ○

Wuchs: bis 0,8 m hoch, aufrecht, buschig. **Blütezeit:** VI–IX. **Laub:** glänzend dunkelgrün. **Züchter:** Poulsen, 1994 eingeführt. **Tipp:** verträgt Hitze, Schnittrose, leichter Duft.

Schloss Ippenburg® ○

Wuchs: 0,8 bis 1 m und mehr hoch, straff aufrecht. **Blütezeit:** VI–IX, öfterblühend. **Laub:** glänzend, dunkelgrün. **Züchter:** Meilland, 2006 eingeführt. **Tipp:** regenfest, Vasenschnitt, intensiver Duft.

Edelrosen

■ Speelwark® ○

Wuchs: bis 0,8 m hoch, aufrecht buschig. **Blütezeit:** VI–IX, öfterblühend. **Laub:** glänzend, dunkelgrün. **Züchter:** Kordes, 1999 eingeführt. **Tipp:** regenfest, hitzeverträglich, lieblicher Duft, Schnittrose.

■ Sterntaler® ○

Wuchs: 0,8 bis 1,0 m, aufrecht, gute Verzweigung. **Blütezeit:** VI–IX. **Laub:** dunkelgrün, schwach glänzend. **Züchter:** W. Kordes' Söhne, 2004 eingeführt. **Tipp:** verträgt Hitze, angenehmer Duft, nostalgische Blüten.

■ Tea Time® ○

Wuchs: bis 0,8 m hoch, aufrecht. **Blütezeit:** VI–IX. **Laub:** mittel- bis dunkelgrün. **Züchter:** Rosen Tantau, 1994 eingeführt. **Tipp:** Schnittrose mit sehr guter Haltbarkeit, verträgt Hitze.

■ Violina® ○

Wuchs: 0,8 bis 1,0 m hoch, aufrecht, schnell wachsend. **Blütezeit:** VI–IX. **Laub:** mittelgrün. **Züchter:** Rosen Tantau, 1997 eingeführt. **Tipp:** Schnittrose, mittlere Hitzeverträglichkeit, angenehmer Duft.

Strauchrosen

Als Strauchrosen bezeichnet man besonders wüchsige und starktriebige Rosensorten, die eine Höhe von mindestens 1,20 bis hin zu 2 m und auch mehr erreichen können.

Die modernen Strauchrosen sind überwiegend öfterblühend, es gibt aber auch Sorten, die nur einen Blütenflor pro Sommer zeigen und sich dafür zeitig im Herbst mit leuchtend roten Hagebutten schmücken. Die reiche Farbpalette der Strauchrosen hat für jeden Geschmack etwas zu bieten und die Blütenformen der verschiedenen Sorten reichen von ungefüllten, einfach schalenförmigen bis hin zu großblumigen, eleganten oder auch stark gefüllten, nostalgischen Blüten. Die meisten Sorten zeigen eine gute Frosthärte und trotzen Krankheiten erfolgreich.

Die Verwendung von Strauchrosen ist vielseitig und reicht vom Einzelstand über kleine Gruppen bis hin zu Rosenhecken. In geschützten Lagen lassen sich einige Sorten sogar als Kletterrose ziehen.

Angela® ○

Wuchs: bis 1,2 m hoch, locker, aufrecht, breit buschig. **Blütezeit:** VI–X. **Laub:** dunkelgrün. **Züchter:** W. Kordes' Söhne, 1984 eingeführt. **ADR-Rose:** 1982. **Tipp:** verträgt Hitze.

Bremer Stadtmusikanten® ○

Caramella® ○

Wuchs: bis 1,2 m hoch, kräftig aufrecht. **Blütezeit:** VI–IX. **Laub:** glänzend dunkelgrün. **Züchter:** W. Kordes' Söhne, 2000 eingeführt. **Tipp:** verträgt Hitze, leichter Duft, nostalgische Blütenform.

Wuchs: bis 1,2 m hoch, aufrecht buschig. **Blütezeit:** VI–IX. **Laub:** matt, grün. **Züchter:** W. Kordes' Söhne, 2001 eingeführt. **Tipp:** verträgt Hitze, leichter Duft, große, nostalgisch gefüllte Blüten.

Strauchrosen

Centenaire de Lourdes® rose ○

Crown Princess Margareta ○

Wuchs: bis 1,3 m hoch, aufrecht buschig. **Blütezeit:** VI–IX. **Laub:** glänzend dunkelgrün. **Züchter:** Delbard-Chabert, 1958 eingeführt. **Tipp:** hitzeverträglich, leichter Duft.

Wuchs: bis 1,5 m hoch, aufrecht buschig. **Blütezeit:** VI–IX. **Laub:** dunkelgrün. **Züchter:** David Austin, 1999 eingeführt. **Tipp:** Englische Rose, intensiver Duft, in geschützten Lagen auch als Kletterrose verwendbar.

Eden Rose® 85 ○

Felicitas® ○-◑

Wuchs: bis 1,5 m hoch, aufrecht buschig. **Blütezeit:** VI–IX. **Laub:** mittel- bis dunkelgrün, glänzend. **Züchter:** Meilland, 1985 eingeführt. **Tipp:** verträgt Hitze, liebt nährstoffreiche Plätze, Schnittrose, Weltrose 2006.

Wuchs: bis 1,2 m hoch, buschig ausladend, bogig überhängend. **Blütezeit:** VI–X. **Laub:** glänzend, dunkelgrün. **Züchter:** W. Kordes' Söhne, 1998 eingeführt. **ADR-Rose:** 1996. **Tipp:** verträgt Hitze, reich blühend.

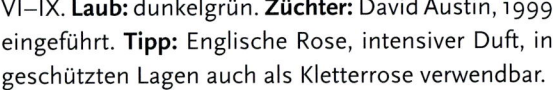

Flashlight® ○

Wuchs: 1,2 m hoch, 0,9 m breit, locker aufrecht. **Blütezeit:** VI–X, öfterblühend. **Laub:** hellgrün, robust. **Züchter:** Noack, 2006 eingeführt. **ADR-Rose:** 2006. **Tipp:** Blütenform im Stil Englischer Rosen, starker Duft.

Gartenträume® ○

Wuchs: 0,9 bis 1,4 m hoch, buschig, kompakt. **Blütezeit:** VI–X, öfterblüphend. **Laub:** mittelgrün, robust. **Züchter:** Tantau, 2005 eingeführt. **Tipp:** gut geeignet für trockene und heiße Standort, sehr guter Duft.

Getano® ○

Wuchs: bis 1,5 m hoch, breit buschig bis locker. **Blütezeit:** VI–IX, öfterblühend. **Laub:** stark glänzend, dunkelgrün, rötlicher Austrieb. **Züchter:** Noack, 2007 eingeführt. **ADR-Rose:** 2005. **Tipp:** stark bestachelt.

Graham Thomas® ○

Wuchs: 1 bis 1,5 m hoch, aufrecht, buschig. **Blütezeit:** VI–IX. **Laub:** hellgrün. **Züchter:** David Austin, 1983 eingeführt. **Tipp:** Englische Rose, verträgt Hitze, frischer Veilchenduft.

Strauchrosen

Herkules® ○–◐

Wuchs: bis 1,2 m hoch, aufrecht bis etwas überhängend. **Blütezeit:** VI–IX, öfterblühend. **Laub:** glänzend, dunkelgrün. **Züchter:** Kordes, 2007 eingeführt. **Tipp:** regenfest, intensiver Duft nach Birne.

Herzogin Frederike® ○

Wuchs: bis 1,5 m hoch, aufrecht buschig. **Blütezeit:** VI–X. **Laub:** leicht glänzend, dunkelgrün. **Züchter:** Noack, 2002 eingeführt. **Tipp:** verträgt Hitze, anmutiges Farbspiel von Lachs bis Gelb.

Kaiser von Lautern® ○

Wuchs: bis 1,5 m hoch, locker elegant. **Blütezeit:** VI–IX. **Laub:** glänzend dunkelgrün. **Züchter:** Michler, 2000 eingeführt. **ADR-Rose:** 2004. **Tipp:** hitzeverträglich, angenehm duftend.

Lichtkönigin Lucia® ○

Wuchs: 1,2 bis 1,5 m hoch, aufrecht buschig. **Blütezeit:** VI–IX. **Laub:** farngrün, ledrig. **Züchter:** W. Kordes' Söhne, 1966 eingeführt. **ADR-Rose:** 1968. **Tipp:** verträgt Hitze, reich blühend, leichter Duft.

Mary Rose® ○

Wuchs: bis 1,2 m hoch, strauchartig. **Blütezeit:** VI–IX. **Laub:** mittelgrün. **Züchter:** David Austin, 1983 eingeführt. **Tipp:** Englische Rose, sehr hitzefest, nach Alten Rosen, Honig und Mandeln duftend.

Michka® ○

Wuchs: 1,2 bis 1,5 m hoch, aufrecht buschig. **Blütezeit:** VI–IX. **Laub:** dunkelgrün glänzend. **Züchter:** Meilland, 1998 eingeführt. **Tipp:** verträgt Hitze, auch für regenreiche Gebiete geeignet.

Polka® 91 ○

Wuchs: bis 1,5 m hoch, aufrecht buschig. **Blütezeit:** VI–IX. **Laub:** mittel- bis dunkelgrün glänzend. **Züchter:** Meilland, 1991 eingeführt. **Tipp:** liebt nährstoffreiche, sonnige Standorte; intensiver Duft.

Postillion® ○

Wuchs: bis 1,6 m hoch, kräftig, aufrecht. **Blütezeit:** VI–IX. **Laub:** glänzend dunkelgrün. **Züchter:** W. Kordes' Söhne, 1998 eingeführt. **ADR-Rose:** 1996. **Tipp:** verträgt Hitze, reich blühend, guter Duft.

Strauchrosen

■ **Red Eden Rose®** ○

■ **Rhapsody in Blue** ○

Wuchs: 1,2 bis 1,5 m hoch, aufrecht buschig. **Blütezeit:** VI–IX. **Laub:** dunkelgrün, ledrig. **Züchter:** Meilland, 2002 eingeführt. **Tipp:** verträgt Hitze, Schnittrose, fruchtiger Duft.

Wuchs: bis 1,5 m hoch, straff aufrecht. **Blütezeit:** VI–IX. **Laub:** mittelgrün, leicht glänzend. **Züchter:** Cowlishaw/Warner, 2002 eingeführt. **Tipp:** hitzeverträglich, auch als Beetrose verwendbar, süßer Duft.

■ **Rokoko®** ○

■ **Rosarium Uetersen®** ○–◑

Wuchs: 1,2 bis 1,5 m hoch, breit buschig. **Blütezeit:** VI–IX. **Laub:** mittel- bis dunkelgrün. **Züchter:** Rosen Tantau, 1987 eingeführt. **Tipp:** verträgt Hitze, romantische Blüte, leichter Duft nach Wildrosen.

Wuchs: 1,2 bis 1,5 m hoch, buschig. **Blütezeit:** VI–X. **Laub:** glänzend grün. **Züchter:** W. Kordes' Söhne, 1977 eingeführt. **Tipp:** verträgt Hitze, Wildrosenduft, als Kletterrose verwendbar, nostalgische Blütenform.

Roter Korsar® ○

Wuchs: 1,2 bis 1,5 m hoch, buschig, breit. **Blütezeit:** VI–X. **Laub:** leicht glänzend dunkelgrün. **Züchter:** W. Kordes' Söhne, 2004 eingeführt. **ADR-Rose:** 2005. **Tipp:** verträgt Hitze, als Kletterrose verwendbar.

Schneewittchen® ○

Wuchs: bis 1,2 m hoch, kompakt, buschig. **Blütezeit:** VI–X. **Laub:** glänzend. **Züchter:** W. Kordes' Söhne, 1958 eingeführt. **Tipp:** sehr reich blühend, leichter Duft, Weltrose, auch als Beetrose verwendbar.

The Mayflower ○-◐

Wuchs: bis 1,5 m hoch, buschig, rundlich. **Blütezeit:** V–IX/X, öfterblühend. **Laub:** mittelgrün. **Züchter:** Austin, 2001 eingeführt. **Tipp:** auch für Halbschatten, verträgt Hitze, starker Duft nach Wildrosen.

Westerland® ○-◐

Wuchs: bis 1,5 m hoch, aufrecht buschig, stark wachsend. **Blütezeit:** VI–X. **Laub:** glänzend grün. **Züchter:** W. Kordes' Söhne, 1969 eingeführt. **ADR-Rose:** 1974. **Tipp:** verträgt Hitze, reich blühend, starker Duft.

Kleinstrauchrosen

Mit Kleinstrauchrosen bezeichnet man in jüngster Zeit eine Rosengruppe, die bisher auch als Bodendecker- oder Flächenrosen bekannt war. Es finden sich hier aber keineswegs nur Sorten, die flach auf der Erde liegen.

Genauso vielseitig wie die Blütenfarben und Wuchstypen der Kleinstrauchrosen (flach niederliegend bis buschig aufrecht), sind auch ihre Verwendungsmöglichkeiten. Großflächig eingesetzt, kann man reizvoll Flächen und Hänge begrünen und gleichzeitig den Unkrautwuchs unterdrücken.

Es gibt aber auch viele kompakt wachsende Typen, die hervorragend für die Gestaltung von kleinen Gärten geeignet sind.

Die meisten Kleinstrauchrosen zeichnen sich neben ihrer herausragenden Blühwilligkeit durch eine sehr hohe Widerstandsfähigkeit gegen Blattkrankheiten aus – das macht sie zu einem pflegeleichten Gartenspaß und besonders geeignet für „Rosen-Anfänger".

Alpenglühen® ○–◐

Wuchs: bis 0,6 m hoch, flach bis bogig überhängend. **Blütezeit:** VI–IX. **Laub:** glänzend frischgrün. **Züchter:** Rosen Tantau, 2003 eingeführt. **Tipp:** für Flächenpflanzungen, verträgt Hitze.

Amber Sun® ○–◐

Wuchs: 0,5 bis 0,6 m hoch, breitbuschig, bogig überhängend. **Blütezeit:** VI–IX, öfterblühend. **Laub:** glänzend, dunkelgrün. **Züchter:** Kordes, 2005 eingeführt. **Tipp:** regenfest, auch für Halbschatten.

Aspirin® Rose ○–◐

Wuchs: 0,6 bis 0,8 m hoch, breit buschig. **Blütezeit:** VI–IX. **Laub:** hellgrün. **Züchter:** Rosen Tantau, 1997 eingeführt. **ADR-Rose:** 1995. **Tipp:** gute Selbstreinigung, auch als Beetrose verwendbar.

Celina® ○

Wuchs: 0,6 bis 0,8 m hoch, aufrecht buschig bis bogig überhängend. **Blütezeit:** VI–IX. **Laub:** glänzend mittelgrün, ledrig. **Züchter:** Noack, 1999 eingeführt. **ADR-Rose:** 1999. **Tipp:** leichter Duft.

Diamant® ○-◐

Wuchs: bis 0,6 m hoch, buschig, kompakt. **Blütezeit:** VI–X. **Laub:** glänzend dunkelgrün, ledrig. **Züchter:** W. Kordes' Söhne, 2001 eingeführt. **ADR-Rose:** 2002. **Tipp:** verträgt Hitze, sehr reich blühend.

Escimo® ○-◐

Wuchs: 0,8 bis 1 m hoch, aufrecht buschig. **Blütezeit:** VI–IX, öfterblühend. **Laub:** stark glänzend, dunkelgrün. **Züchter:** Kordes, 2006 eingeführt. **ADR-Rose:** 2006. **Tipp:** regenfest, auch für Halbschatten.

Fortuna® ○-◐

Wuchs: 0,6 bis 0,7 m hoch, vieltriebig. **Blütezeit:** VI–X. **Laub:** glänzend. **Züchter:** W. Kordes' Söhne, 2002 eingeführt. **ADR-Rose:** 2002. **Tipp:** verträgt Hitze, sehr reich blühend, als Beetrose verwendbar.

Kleinstrauchrosen

Gärtnerfreude® ○–◑

Heidetraum® ○–◑

Wuchs: bis 0,5 m hoch, buschig. **Blütezeit:** VI–X. **Laub:** stark glänzend dunkelgrün. **Züchter:** W. Kordes' Söhne, 1999 eingeführt. **ADR-Rose:** 2001. **Tipp:** verträgt Hitze, gute Blütenfüllung.

Wuchs: 0,7 bis 0,8 m hoch, niedrig buschig. **Blütezeit:** VI–IX. **Laub:** glänzend, ledrig. **Züchter:** Noack, 1988 eingeführt. **ADR-Rose:** 1990. **Tipp:** verträgt Hitze, reich blühend.

Ice Meidiland® ○–◑

Knirps® ○–◑

Wuchs: bis 0,5 m hoch, stark und schnell wachsend. **Blütezeit:** VI–X. **Laub:** mittel- bis dunkelgrün. **Züchter:** Meilland, 1996 eingeführt. **Tipp:** große, olivenförmige Hagebutten; verträgt Hitze.

Wuchs: bis 0,3 m hoch, niederliegend, kompakt. **Blütezeit:** VI–X. **Laub:** zierlich, glänzend, dunkelgrün. **Züchter:** W. Kordes' Söhne, 1997 eingeführt. **ADR-Rose:** 2004. **Tipp:** für Kübel geeignet, hitzeverträglich.

Magic Meidiland® ○-◐

Wuchs: 0,4 bis 0,5 m hoch, niederliegend bis bogig überhängend. **Blütezeit:** VI–IX. **Laub:** glänzend. **Züchter:** Meilland, 1992 eingeführt. **ADR-Rose:** 1995. **Tipp:** deckt den Boden schnell ab, verträgt Hitze.

Maxi Vita® ○-◐

Wuchs: 0,6 bis 0,7 m hoch, mittelstark wachsend. **Blütezeit:** VI–IX. **Laub:** leicht glänzend, grün. **Züchter:** W. Kordes' Söhne, 2001 eingeführt. **ADR-Rose:** 2000. **Tipp:** verträgt Hitze, reich blühend, auch als Beetrose.

Mirato® ○-◐

Wuchs: bis 0,7 m hoch, breit buschig bis bogig überhängend. **Blütezeit:** VI–X. **Laub:** glänzend. **Züchter:** Rosen Tantau, 1990 eingeführt. **ADR-Rose:** 1993. **Tipp:** verträgt Hitze, reich blühend.

Neon® ○-◐

Wuchs: bis 0,6 m hoch, aufrecht. **Blütezeit:** VI–IX. **Laub:** glänzend dunkelgrün. **Züchter:** W. Kordes' Söhne, 2001 eingeführt. **ADR-Rose:** 1999. **Tipp:** hitzeverträglich, reich blühend, auch als Beetrose.

Kleinstrauchrosen

Palmengarten Frankfurt® ○–◐

Phlox Meidiland® ○–◐

Wuchs: 0,6 bis 0,8 m hoch, aufrecht bis bogig überhängend. **Blütezeit:** VI–X. **Laub:** glänzend frischgrün. **Züchter:** W. Kordes' Söhne, 1988 eingeführt. **ADR-Rose:** 1992. **Tipp:** hitzeverträglich, reich blühend.

Wuchs: 0,6 bis 0,8 m, hoch, aufrecht buschig. **Blütezeit:** VI–IX. **Laub:** glänzend mittel- bis dunkelgrün, ledrig. **Züchter:** Meilland, 2000 eingeführt. **ADR-Rose:** 2001. **Tipp:** verträgt Hitze, für Hecken.

Pink Swany® ○–◐

Purple Meidiland® ○–◐

Wuchs: 0,5 bis 0,6 m hoch, buschig kompakt. **Blütezeit:** VI–X. **Laub:** glänzend mittel- bis dunkelgrün. **Züchter:** Meilland, 2003 eingeführt. **ADR-Rose:** 2003. **Tipp:** verträgt Hitze, nostalgische Blütenform.

Wuchs: bis 0,6 m hoch, aufrecht buschig. **Blütezeit:** VI–IX. **Laub:** glänzend dunkelgrün, ledrig. **Züchter:** Radler/Meilland, 2002 eingeführt. **ADR-Rose:** 2002. **Tipp:** verträgt Hitze, starke Leuchtkraft.

Schneeflocke® ○–◐

Wuchs: 0,4 bis 0,5 m hoch, buschig. **Blütezeit:** VI–IX. **Laub:** glänzend mittel- bis dunkelgrün, ledrig. **Züchter:** Noack, 1991 eingeführt. **ADR-Rose:** 1991. **Tipp:** verträgt Hitze, leichter Duft, reich blühend.

Sedana® ○–◐

Wuchs: 0,6 bis 0,7 m hoch, niedrig, breitbuschig. **Blütezeit:** V–X, öfterblühend. **Laub:** glänzend, grün. **Züchter:** Noack, 2005 eingeführt. **Tipp:** regenfest, auch für Kübel geeignet.

Simply® ○–◐

Wuchs: 0,8 bis 1 m hoch, aufrecht buschig. **Blütezeit:** VI–IX. **Laub:** glänzend dunkelgrün. **Züchter:** Noack, 2003 eingeführt. **ADR-Rose:** 2002. **Tipp:** hitzeverträglich, reich blühend, in dichten Büscheln.

Sorrento® ○

Wuchs: 0,7 bis 0,8 m hoch, niedrig buschig. **Blütezeit:** VII–X, öfterblühend. **Laub:** glänzend, dunkelgrün, ledrig. **Züchter:** Noack, 2005/2006 eingeführt. **ADR-Rose:** 2006. **Tipp:** hitzeverträglich, gute Fernwirkung.

Kleinstrauchrosen

Stadt Rom® ○

Wuchs: 0,5 bis 0,6 m hoch, kräftig, flach buschig. **Blütezeit:** VI–X, öfterblühend. **Laub:** leicht glänzend, mittelgrün. **Züchter:** Tantau, 2007 eingeführt. **ADR-Rose:** 2007. **Tipp:** farbstabile Blüten, kräftiger Herbstflor.

Sunny Rose® ○

Wuchs: bis 0,4 m hoch, breit bis niederliegend wachsend. **Blütezeit:** VI–IX. **Laub:** stark glänzend, dunkelgrün. **Züchter:** W. Kordes' Söhne, 2001 eingeführt. **ADR-Rose:** 2004. **Tipp:** verträgt Hitze, reich blühend.

Sweet Haze® ○–◑

Wuchs: bis 0,6 m hoch, buschig. **Blütezeit:** VI–IX. **Laub:** mittel- bis dunkelgrün. **Züchter:** Rosen Tantau, 2003 eingeführt. **ADR-Rose:** 2004. **Tipp:** deckt gut den Boden, vollständige Selbstreinigung, verträgt Hitze.

Sweet Pretty® ○

Wuchs: 0,6 bis 0,8 m hoch, breit buschig. **Blütezeit:** VI–IX, öfterblühend. **Laub:** glänzend, dunkelgrün, zierlich. **Züchter:** Meilland, 2005 eingeführt. **Tipp:** markante Staubgefäße, auch für Kübel.

Kletterrosen

Die Gruppe der Kletterrosen ist sehr vielseitig und lässt sich in verschiedene Typen aufteilen. Kletterrosen mit großen Blüten und steifen, aufrechten Trieben, die angebunden werden müssen, nennt man „Climber". Die meisten Climber sind öfterblühend und erreichen eine Wuchshöhe zwischen 2 und 3 m. Es gibt aber auch einmalblühende Typen, die stärker wachsen und Höhen von über 5 m erreichen können. Kletterrosen mit langen, biegsamen Trieben, die kleinere Blüten in großen Büscheln bilden, nennt man „Rambler". Der Großteil dieser Sorten blüht nur einmal im Sommer, sehr üppig über mehrere Wochen. Sie können dank ihrer enormen Wuchskraft auch ohne Kletterhilfe in Bäume ranken und dabei Höhen von 3 bis 9 m erreichen. Es gibt aber auch wenige öfterblühende Rambler-Sorten mit etwas gezähmtem Wachstum. Während sich Climber perfekt für Lauben und Spaliere eignen, sind Rambler ideal zum Begrünen von Pergolen und Bögen.

Aloha – Kordes' Rose Aloha® ○

Wuchs: bis 2,5 m hoch, schnell wachsend. **Blütezeit:** VI–IX. **Laub:** dunkelgrün glänzend. **Züchter:** W. Kordes' Söhne, 2003 eingeführt. **Tipp:** verträgt Hitze, feiner, fruchtiger Duft, nostalgische Blütenform.

Barock® ○

Bobbie James ○–◑

Wuchs: bis 2,5 m hoch, aufrecht klimmend, buschig, vieltriebig. **Blütezeit:** VI–IX. **Laub:** glänzend dunkelgrün. **Züchter:** Rosen Tantau, 1999 eingeführt. **Tipp:** hitzeverträglich, süßlich herber Duft.

Wuchs: 5 bis 10 m hoch, aufrecht, Rambler. **Blütezeit:** VI–VII. **Laub:** mittelgrün, glänzend. **Züchter:** Sunningdale Nurseries, 1961 eingeführt. **Tipp:** verträgt Hitze, Duft nach Wildrosen, sehr reich blühend.

Kletterrosen

PORTRÄTS

Compassion® ○

Wuchs: 2 bis 2,5 m hoch, aufrecht. **Blütezeit:** VI–IX. **Laub:** grün. **Züchter:** Harkness, 1974 eingeführt. **ADR-Rose:** 1976. **Tipp:** starker Duft, verträgt Hitze, edle Blütenform.

Fassadenzauber® ○

Wuchs: bis 2,5 m hoch, aufrecht. **Blütezeit:** VI–IX. **Laub:** glänzend mittel- bis dunkelgrün. **Züchter:** Noack, 1997 eingeführt. **Tipp:** verträgt Hitze, edle Blütenform.

Golden Gate® ○–◐

Wuchs: bis 3 m hoch, aufrecht, willig kletternd. **Blütezeit:** VI–IX, öfterblühend. **Laub:** leicht glänzend, grün. **Züchter:** Kordes, 2005 eingeführt. **ADR-Rose:** 2006. **Tipp:** regenfest, kräftiger Duft.

Graciosa® ○

Wuchs: bis 3,0 m hoch, aufrecht. **Blütezeit:** VI–X. **Laub:** glänzend dunkelgrün. **Züchter:** Noack, 2002 eingeführt. **Tipp:** verträgt Hitze, edle Blütenform, starker Duft.

Guirlande d'Amour ○–◐

Wuchs: 2,5 bis 3 m hoch, buschig. **Blütezeit:** VI–X. **Laub:** mittelgrün, leicht glänzend. **Züchter:** L. Lens, 1993 eingeführt. **Tipp:** Hagebuttenschmuck, feiner Duft nach Wildrosen.

Kir Royal® ○–◐

Wuchs: 2 bis 3 m hoch, aufrecht bis überhängend. **Blütezeit:** VI–VII. **Laub:** glänzend mittel- bis dunkelgrün. **Züchter:** Meilland, 1995 eingeführt. **ADR-Rose:** 2002. **Tipp:** starke Haupt-, schwächere Nachblüte.

Laguna® ○

Wuchs: bis 2,5 m hoch, aufrecht buschig. **Blütezeit:** VI–IX. **Laub:** dunkelgrün, dicht, leicht glänzend. **Züchter:** W. Kordes' Söhne, 2004 eingeführt. **ADR-Rose:** 2007. **Tipp:** fruchtiger Duft, nostalgische Blütenform.

Lykkefund ○–◐

Wuchs: 5 bis 7 m hoch, stachellos, Rambler. **Blütezeit:** VI–VII. **Laub:** mittelgrün. **Züchter:** Olsen, 1930 eingeführt. **Tipp:** auch in Bäume wachsend, schöne Hagebutten, guter Duft.

Kletterrosen

Moonlight – Kordes' Rose Moonlight® ○

Wuchs: 2 bis 2,5 m hoch, stark wüchsig, reich verzweigt. **Blütezeit:** VI–IX. **Laub:** dunkelgrün, dicht stehend, glänzend. **Züchter:** W. Kordes' Söhne, 2004 eingeführt. **Tipp:** hitzeverträglich, fruchtiger Duft.

New Dawn ○–◑

Wuchs: bis 3 m hoch, stark wüchsig mit biegsamen Langtrieben, willig kletternd. **Blütezeit:** VI–X. **Laub:** tiefgrün, glänzend. **Züchter:** Somerset Rose Nursery, 1930 eingeführt. **Tipp:** hitzeverträglich, guter Duft.

Paul's Himalayan Musk Rambler ○–◑

Wuchs: 5 bis 10 m hoch, starktriebig, aufrecht, Rambler. **Blütezeit:** VI–VII. **Laub:** mittelgrün. **Züchter:** unbekannt, Einführungsjahr unbekannt. **Tipp:** auch in Bäume wachsend, hitzeverträglich, guter Duft.

Penny Lane® ○

Wuchs: bis 3,0 m hoch, aufrecht klimmend, schnell wachsend. **Blütezeit:** VI–IX. **Laub:** sattgrün. **Züchter:** Harkness, 2000 eingeführt. **Tipp:** leichter Duft, verträgt Hitze, nostalgische Blütenform.

Rosanna® ○

Wuchs: bis 2,5 m hoch, breit buschig, schnell wachsend. **Blütezeit:** VI–IX. **Laub:** leicht glänzend, grün. **Züchter:** W. Kordes' Söhne, 2002 eingeführt. **Tipp:** hitzeverträglich, leichter Duft, stark gefüllte, edle Blüten.

Rotfassade® ○–◐

Wuchs: 2 bis 3 m hoch, aufrecht. **Blütezeit:** VI–IX. **Laub:** glänzend. **Züchter:** Noack, 1997 eingeführt. **ADR-Rose:** 1999. **Tipp:** zur Fassadenbegrünung geeignet, verträgt Hitze.

Santana® ○

Wuchs: 2,5 bis 3,5 m hoch, breit aufrecht. **Blütezeit:** VI–IX. **Laub:** mittel- bis dunkelgrün, ledrige Blattstruktur. **Züchter:** Rosen Tantau, 1985 eingeführt. **Tipp:** verträgt Hitze, leichter Duft, edle Blütenform.

Sorbet® ○

Wuchs: 2,0 bis 2,5 m hoch, aufrecht. **Blütezeit:** VI–X. **Laub:** mittel- bis dunkelgrün. **Züchter:** Meilland, 1993 eingeführt. **Tipp:** verträgt Hitze, großblumig, leichter Duft.

Kletterrosen

■ Super Excelsa® ○–◑

Wuchs: 2 bis 2,5 m hoch, öfterblühender Rambler mit weichen, biegsamen Trieben. **Blütezeit:** VI–IX. **Laub:** mittelgrün. **Züchter:** Hetzel, 1986 eingeführt. **ADR-Rose:** 1991. **Tipp:** verträgt Hitze, reich blühend.

■ Sympathie ○–◑

Wuchs: bis 4 m hoch, aufrecht bis überhängend, buschig. **Blütezeit:** VI–IX. **Laub:** glänzend sattgrün. **Züchter:** W. Kordes' Söhne, 1964 eingeführt. **Tipp:** edle Blütenform, Wildrosenduft.

■ Uetersener Klosterrose® ○

Wuchs: 2 bis 3 m hoch, straff aufrecht, vieltriebig. **Blütezeit:** VII–X, öfterblühend. **Laub:** mittelgrün, stumpf. **Züchter:** Tantau, 2006 eingeführt. **Tipp:** für Rosenbögen und Wandspaliere, intensiver Duft.

■ Veilchenblau ○–◑

Wuchs: 3 bis 4 m hoch, starktriebig, fast stachellos, Rambler. **Blütezeit:** VI–VII. **Laub:** mittelgrün. **Züchter:** Schmidt, 1909 eingeführt. **Tipp:** hitzeverträglich, ungewöhnliche Blütenfarbe.

Historische Rosen

Zu den Historischen oder Alten Rosen gehören alle Sorten, die es schon vor der Einführung der ersten Edelrosen 1867 gab. Sie wachsen strauchartig und blühen meist nur einmal im Jahr. Zu den Alten Rosen gehören unter anderem Gallica-, Damaszener-, Alba- und Centifolia-Rosen.

Gallicas blühen in Rot oder Rosa. Sie bleiben niedrig, sind anspruchslos und winterfest, manche duften. Typisch sind ihre wenigen, unregelmäßigen Stacheln. Damaszener-Rosen haben einen etwas höheren Wuchs als die Gallicas und sind weniger winterhart. Sie blühen rosa bis weiß, ihre Triebe weisen viele Hakenstacheln auf. Sie sind berühmt wegen ihres Duftes. Alba-Rosen werden groß, haben auffällig grau-grünes Laub, sind frosthart und vertragen Halbschatten. Ihre Blüten sind weiß oder rosa, meist gefüllt. Centifolia-Rosen wachsen locker mit überhängenden Trieben (viele Stacheln). Sie bilden schwere, runde, stark duftende Blüten in Rosa bis Dunkelviolett.

Charles de Mills ○–◑

Wuchs: bis 1,5 m hoch, breit buschig bis überhängend. **Blütezeit:** VI–VII. **Laub:** graugrün. **Züchter:** Hardy, vor 1746 eingeführt. **Tipp:** für naturnahe Gärten und Hecken, sehr guter Duft, einmalblühend.

Fantin Latour ○–◑

Louise Odier ○–◑

Wuchs: 2 m hoch, breit buschig bis überhängend. **Blütezeit:** VI–VII. **Laub:** dunkelgrün. **Herkunft:** *Rosa centifolia*, eingeführt im 19. Jahrhundert. **Tipp:** für naturnahe Gärten/Hecken, einmalblühend, sehr guter Duft.

Wuchs: bis 1,8 m, stark wachsend. **Blütezeit:** VI–IX. **Laub:** matt hellgrün. **Züchter:** Margottin, 1851 eingeführt. **Tipp:** wundervoller Duft, öfterblühend, auch für den Vasenschnitt geeignet.

Historische Rosen

Maiden's Blush ○–◐

Wuchs: 1,5 m hoch, breit buschig und leicht überhängend. **Blütezeit:** VI–VII. **Laub:** graugrün. **Herkunft:** gefunden in Kew Gardens, eingeführt 1797. **Tipp:** für naturnahe Gärten/Hecken, einmalblühend, guter Duft.

***Rosa centifolia* 'Muscosa'** ○–◐

Wuchs: 1,5 bis 1,8 m hoch, buschig, mit bogig überhängenden Zweigen. **Blütezeit:** VI. **Laub:** mittelgrün. **Herkunft:** *Rosa centifolia*, Holland, 1796. **Tipp:** Knospen stark bemoost, sehr guter Duft, einmalblühend.

Rose de Resht ○

Wuchs: 0,8 bis 1,0 m hoch, aufrecht buschig bis rundlich. **Blütezeit:** VI–IX. **Laub:** glänzend, ledrige Struktur. **Herkunft:** Persien, Einführungsjahr unbekannt. **Tipp:** als Hecke, verträgt Hitze, starker Duft, öfterblühend.

Souvenir de la Malmaison ○

Wuchs: bis 0,7 m hoch, buschig. **Blütezeit:** VI–VII. **Laub:** hellgrün. **Herkunft:** *Rosa borboniana*. **Züchter:** Béluze, 1843 eingeführt. **Tipp:** Bourbonrose, fruchtiger Duft, einmalblühend mit gelegentlicher Nachblüte.

EMPFEHLENSWERTE DUFTROSEN

Sorten	Duft	Wuchshöhe in m	Seite
Edelrosen			
Acapella®	fruchtig, berauschend	0,8–1,1	56
Augusta Luise®	fruchtig, süß	0,7–1	57
Beverly®	intensiv nach Zitrone	0,7–0,8	58
Broceliande®	stark	0,8–1,2	58
Candlelight®	starker Edelrosen-Duft	0,8–1	58
Chippendale®	stark	0,8–1,2	58
Duftfestival®	stark, nach alten Rosen	0,8–1	59
Duftzauber® 84	stark	bis 0,9	59
Elbflorenz®	sehr intensiv	0,8–1,0	59
Frederic Mistral®	nach Alten Rosen und Zitrone	0,7–0,9	60
Parole®	stark, strömend	bis 0,9	62
Poker®	nach Gewürztraminer und Pfirsich	bis 0,8	63
Schloss Ippenburg®	intensiv	0,8–1	63
Speelwark®	lieblich	bis 0,8	64
Sterntaler®	fruchtig, angenehm	0,8–1	64
Violina®	voll, angenehm	0,8–1	64
Strauchrosen			
Crown Princess Margareta	intensiv fruchtig	bis 1,5	66
Flashlight®	stark	1,2	67
Gartenträume®	sehr gut	0,9–1,4	67
Graham Thomas®	frisch mit kühlem Veilchenduft	1–1,5	67
Herkules®	intensiv	bis 1,2	68
Mary Rose®	nach Alten Rosen, Honig, Mandel	bis 1,2	69
Postillion®	voll, fruchtig	bis 1,6	69
The Mayflower	stark nach Wildrosen	bis 1,5	71
Westerland®	stark	bis 1,5	71
Kletterrosen			
Barock®	stark, süßlich, herb	bis 2,5	79
Compassion®	stark	2–2,5	80
Golden Gate®	kräftig	bis 3	80
Graciosa®	stark	bis 3	80
Laguna®	stark ausgeprägt fruchtig	2–2,5	81
Uetersener Klosterrose®	intensiv	2–3	84
Historische Rosen			
Charles de Mills	sehr gut	bis 1,5	85
Fantin Latour	sehr gut	bis 2	85
Louise Odier	wundervoll	bis 1,8	85
Maiden's Blush	sehr gut	bis 1,5	86
Rose de Resht	sehr gut	0,8–1	86
Souvenir de la Malmaison	wunderbar nach süßen Früchten	bis 0,7	86

ROSEN MIT BESONDERS GUTER EIGNUNG ZUR KÜBELBEPFLANZUNG

Sorte	Wuchshöhe in m	ADR	Besonderheit	Seite
Beetrosen				
Aprikola®	0,7–0,8	2001	reich blühend	50
Bonica® 82	0,7–0,8	1982	reich blühend	50
Botticelli®	0,6–0,7	–	blühwillig	51
Brautzauber®	0,7–0,8	1999	reich blühend	51
Gebrüder Grimm®	0,7–0,9	2002	nostalgische Blüte	52
KOSMOS®	bis 0,7	2007	zarter Duft	52
Leonardo da Vinci®	0,6–1	–	nostalgische Blüte	53
Lions-Rose®	0,6–0,8	2002	reich blühend	53
Pastella®	bis 0,6	2007	nostalgische Blüte	53
Rotkäppchen®	bis 0,7	–	nostalgische Blüte	55
Edelrosen				
Broceliande®	0,8–1,2	–	starker Duft	58
Chippendale®	0,8–1,2	–	starker Duft	58
Strauchrosen				
Angela®	1–1,2	1982	reich blühend	65
Bremer Stadtmusikanten®	1–1,2	–	nostalgische Blüte	65
Eden Rose® 85	1–1,5	–	nostalgische Blüte	66
Felicitas®	bis 1,2	1996	reich blühend	66
Herzogin Frederike®	bis 1,5	–	schönes Farbspiel	68
Mary Rose®	bis 1,5	–	starker Duft	69
Rhapsody in Blue	bis 1,5	–	seltene Farbe, Duft	70
Kleinstrauchrosen				
Alpenglühen®	bis 0,6	–	reich blühend	72
Diamant®	bis 0,6	2002	reich blühend	73
Fortuna®	0,6–0,7	2002	reich blühend	73
Gärtnerfreude®	0,4–0,5	2001	reich blühend	74
Knirps®	bis 0,3	2004	gut gefüllte Miniblüte	74
Phlox Meidiland®	0,6–0,8	2001	reich blühend	76
Pink Swany®	0,5–0,6	2003	nostalgische Blüte	76
Sedana®	0,6–0,7	–	glänzendes Laub	77
Simply®	0,8–1	2002	reich blühend	77
Sweet Haze®	bis 0,6	2004	reich blühend	78
Sweet Pretty®	0,6–0,8	–	markante Staubgefäße	78
Kletterrosen				
Guirlande d'Amour	2,5–3	–	feiner Duft	81
Super Excelsa®	2–2,5	1991	biegsame Triebe	84
Historische Rosen				
Louise Odier	1,5–1,8	–	wundervoller Duft	85
Rose de Resht	0,8–1	–	wundervoller Duft	85

Bezugsquellen für Rosen

Deutschland

W. Kordes' Söhne
Rosenschulen GmbH & Co. KG
Rosenstraße 54
25365 Klein Offenseth-Sparrieshoop
www.gartenrosen.de
Tel.: 0 41 21/4 87 00
Fax: 0 41 21/8 47 45

Lacon GmbH
J.-S.-Piazolostr. 4a
68766 Hockenheim
www.lacon-rosen.de
Tel.: 0 62 05/40 01
Fax: 0 62 05/1 86 74

Noack Rosen
Im Waterkamp 12
33334 Gütersloh
Tel.: 0 52 41/2 01 87
Fax: 0 52 41/1 40 85

Rosen-Union eG.
Steinfurther Hauptstr. 27
61231 Bad Nauheim-Steinfurth
www.rosen-union.de
Tel.: 0 60 32/96 53-0
Fax: 0 60 32/96 53-19

Rosenhof Schultheis GbR
Bad Nauheimerstr. 3–7
61231 Bad Nauheim-Steinfurth
www.rosenhof-schultheis.de
Tel.: 0 60 32/8 10 13
Fax: 0 60 32/8 58 90

BKN Strobel GmbH & Co. KG
Pinneberger Str. 238
25488 Holm-Kreis Pinneberg
Bezug über Rosarot Pflanzenversand
Gert Hartung
Besenbek 4b
25335 Raa-Besenbek
www.rosenversand24.de
Tel.: 0 41 21/42 38 84

Rosen Tantau
Tornescher Weg 13
25436 Uetersen bei Hamburg
www.rosen-tantau.com
Tel.: 0 41 22/70 84
Fax: 0 41 22/70 87

Belgien

Lens Roses
Redinnestraat 11
B-8460 Oudenburg
www.lens-roses.com
Tel.: 00 32/(0) 59 26-78 30
Fax: 00 32/(0)59 26-56 14
Bezug über Rosarot Pflanzenversand

Frankreich

Pépinières et Roseraies Georges Delbard
Malicorne
BP 86
F-03600 Commentry
www.delbard.com
Tel.: 00 33/(0)4 70 64-33 34
Fax: 00 33/(0)4 70 64-58 61
Bezug über:
Lacon: *www.lacon-rosen.de*,
Baldur-Garten GmbH: *www.baldur-garten.de*,
Rosenvertrieb Kalbus: *www.kalbus.de*

Großbritannien

David Austin Roses Ltd.
Bowling Green Lane
Albrighton
GB-Wolverhampton WV7 3 HB
www.davidaustinroses.com
Tel.: 00 44/(0) 19 02-37 63 71
Fax: 00 44/(0) 19 02-37 21 41

Rosen-Liebhabervereine

Deutschland

Gesellschaft Deutscher Rosenfreunde e.V.
Waldseestr. 14
76530 Baden-Baden
www.rosenfreunde.de

Verein zur Förderung der Rosenkultur des
Bergischen Landes Solingen e.V.
c/o Renate Graumann
Mastweg 21
43249 Wuppertal-Cronenberg
www.rosenfreundesolingen.de

Österreich

Österreichische Rosenfreunde in der
Österreichischen Gartenbau-Gesellschaft
Parkring 12
A-1010 Wien

Schweiz

Gesellschaft Schweizerischer Rosenfreunde
Professor Dr. Theodor Zwygart
Schlossbergstraße 23
CH-8820 Wädenswil
www.rosenfreunde.ch

Gesellschaft Schweizer Rosenfreunde
Gerda Wirth
Schmiedgasse 40
CH-8640 Rapperswil

Bezugsquellen für Stauden

Staudengärtnerei Alpine Raritäten
Jürgen Peters
Auf dem Flidd 20
25436 Uetersen
www.staudenshop-peters.de
Tel.: 0 41 22/33 12

Staudengärtnerei Arends Maubach
Monschaustraße 76
42369 Wuppertal-Ronsdorf
www.arends-maubach.de
Tel.: 02 02/46 46 10

Odenwälder Pflanzenkulturen
Staudengärtnerei Kayser & Seibert
Wilhelm-Leuschner-Straße 85
64380 Roßdorf
www.kayserundseibert.de
Tel.: 0 61 54/90 68

Staudengärtnerei Gräfin von Zeppelin
79295 Sulzburg-Laufen
www.graefin-v-zeppelin.com
Tel.: 0 76 34/6 97 16

Staudengärtnerei Dieter Gaissmayer
Jungviehweide 3
89257 Illertissen
www.staudengaissmayer.de
Tel.: 0 73 03/72 58

Bezugsquellen für Clematis

F.M. Westphal Clematiskulturen
Peiner Hof 7
25497 Prisdorf
Telefon 0 41 01/7 41 04
www.clematis-westphal.de

93

Mit 193 Farbfotos von:
Katharina Adams, Linnich-Hottorf: 29, 86 ore;
David Austin Ltd., GB-Wolverhampton: 66 ore, 69 oli,
71 uli;
BKN Strobel, Holm-Kreis Pinneberg: 50 ure, 51 oli, 54 ore,
55 uli, 56 ore, 59 oli, 59 ore, 59 ure, 60 ore, 61 oli, 62
ore, 62 ure, 63 ore, 63 ure, 66 uli, 69 ore, 69 uli, 70 oli,
74 uli, 75 oli, 76 ore, 76 uli, 76 ure, 78 ure, 81 ore, 83
ure;
Delbard-Rosen, F-Malicorne: 66 oli;
GartenbildAgentur/Didillon, Au/Hallertau: 8;
Gartenschatz, Stuttgart: 20 (alle drei), 83 oli;
W. Kordes' Söhne, Klein Offenseth-Sparrieshoop: 32 li,
33 u, 35 (alle vier), 36, 42, 44 (alle vier), 45, 50 ore,
52 oli, 53 ore, 54 ure, 55 oli, 55 ore, 57 ure, 60 ore,
61 ore, 62 oli, 62 uli, 64 ore, 65 ore, 65 ure, 66 uli,
67 ure, 68 ure, 69 ure, 70 ore, 70 uli, 70 ure, 71 oli,
71 ore, 71 ure, 73 ore, 73 uli, 73 ure, 74 oli, 74 ure,
75 ore, 75 ure, 76 oli, 78 ore, 79 ore, 80 oli, 80 uli, 81 uli,
82 oli, 84 uli, 84 ore, 86 ure;
Robert Markley, Haan: 26;
Christine Meile, Diedorf: 81 ure;
Noack Rosen, Gütersloh: 51 ore, 51 uli, 52 uli, 54 uli, 55 ure,
56 ure, 60 uli, 61 ure, 67 oli, 67 uli, 68 ore, 73 oli, 74
ore, 77 oli, 77 ore, 77 uli, 77 ure, 80 ore, 80 ure, 83 ore;
Manfred Pforr, Langenpreising: 25 oli;
PhotoPress, Stockdorf/München: 10 ore;
Thomas Proll, Barmstedt: 32 re, 52 ore, 52 ure, 54 oli,
58 oli, 61 ore, 64 oli, 65 uli, 68 oli, 72 uli
Wolfgang Redeleit, Bienenbüttel: 5, 13 ore, 15, 16, 17, 21,
24;
Reinhard-Tierfoto/Hans Reinhard, Heiligkreuzsteinach-
Eiterbach: 1, 10 uli, 12, 13 uli, 14, 18 oli, 19, 22 (beide),
25 ure, 49, 86 uli;
Rosen-Union, Bad Nauheim-Steinfurth: 51 ure, 57 oli, 60
oli, 61 uli, 63 uli, 68 uli, 82 ure;
Christian Schultheis, Bad Nauheim-Steinfurth: 53 oli, 58
ore, 81 oli, 82 uli, 84 ure, 85 (alle drei), 86 oli;
Friedrich Strauß, Au/Hallertau: 6, 23;
Rosen Tantau, Uetersen: 50 uli, 53 uli, 53 ure, 56 uli, 57 ore,
57 uli, 58 uli, 58 ure, 63 oli, 64 uli, 64 ure, 67 ore, 72 ore,
72 ure, 75 uli, 78 oli, 78 uli, 79 uli, 84 uli;
Alice Thinschmidt, Daniel Böswirth, A-Wien: 9, 18 ure, 31,
48;
Annette Timmermann, Kalübbe: 2/3, 7, 27, 41, 59 uli, 79
ure, 82 ore, 83 uli;
Uffizien, Florenz: 33 o.

Mit 26 Illustrationen von:
Wolfgang Lang, Grafenau-Döffingen: 34 (alle drei), 36, 37,
39, 40 (alle fünf), 41 (beide), 43 (alle drei), 45 (beide),
46 (beide), 47 (alle drei), 48 (beide);
Horst Lünser, Berlin: 8.

Unser gesamtes lieferbares Programm und
viele weitere Informationen zu unseren Büchern,
Spielen, Experimentierkästen, DVDs, Autoren und
Aktivitäten finden Sie unter **www.kosmos.de**

Umschlaggestaltung von Atelier Reichert, Stuttgart, unter
Verwendung von zwei Fotos von Annette Timmermann,
Kalübbe (Hauptmotiv, Rose 'Rosenfee®') und Gartenschatz,
Stuttgart (Einklinker, Rose 'Bernd Weigel Rose®').

Gedruckt auf chlorfrei gebleichtem Papier

2., aktualisierte Auflage
© 2005, 2008 Franckh-Kosmos Verlags-GmbH & Co. KG,
Stuttgart
Alle Rechte vorbehalten
ISBN 978-3-440-11436-0
Redaktion: Carolin Krank
Produktion: DOPPELPUNKT Auch & Grätzbach GbR,
Leonberg
Grundlayout: Dietmar Grashoff, Lahr
Printed in Italy/Imprimé en Italie

Die Autoren:
Thomas Proll ist seit 1996 bei der traditionsreichen Rosen-
schule W. Kordes' Söhne als Züchtungsleiter für die Entwicklung neuer Gartenrosen-Sorten verantwortlich. Die
Fachvorträge des Gartenbau-Ingenieurs sind in der Rosen-
branche und in Liebhaberkreisen im In- und Ausland sehr
beliebt (Foto: Marco Grundt).
Gabriele Richter, 1965 geboren, studierte Gartenbauwis-
senschaften an der Universität Hannover. Nach etlichen
Jahren bei verschiedenen Baumschulen und Gartencentern hat sie sich von 2003 bis 2006 auf das umfangreiche
Thema Rose konzentriert – beim weltbekannten Rosenzüchter W. Kordes' Söhne. Seit Ende 2006 arbeitet die
Gartenbau-Ingenieurin bei der renommierten Baumschule
Bruns im niedersächsischen Ammerland (Foto: privat).

Von Experten: die besten Tipps

ROSEN

Die besten Sorten
europäischer Experten

Das Kosmos Handbuch

Throll/Wolff (Hrsg.)
Das Kosmos Handbuch Rosen
256 Seiten, über 1.000 Abbildungen
€/D 24,90; €/A 25,60; sFr 44,90
Preisänderungen vorbehalten
ISBN 978-3-440-11107-9

- Verwandeln Sie Beete in Blütenmeere, Sitzplätze in Duftoasen und Wände in Märchenträume.

- Mit den 750 besten und gesündesten Sorten – von europäischen Züchtern und namhaften Rosenexperten für Sie ausgewählt.

- „Wer Rosen liebt, wird an diesem Buch nicht vorbeikommen." Mein schöner Garten

KOSMOS

www.kosmos.de